我有所念人，隔在远远乡

张其姝 著

中国友谊出版公司

目录

序

美人如花隔云端

何谓美人？

是翩若惊鸿，婉若游龙；是巧笑倩兮，美目盼兮；是桃之夭夭，灼灼其华。

是淡妆浓抹总相宜，是秋水为神玉为骨，是芙蓉如面柳如眉。

是画卷上一抹袅袅娜娜的身影，可望而不可即。

何谓传奇？

是垆边人似月，皓腕凝霜雪；是郎骑竹马来，绕床弄青梅；是骑马倚斜桥，满楼红袖招。

是墙头马上遥相顾，是赌书消得泼茶香，是恨不相逢未嫁时。

是话本里一段惊心动魄的故事，伤神亦伤心。

我喜欢那些美人，也喜欢那些传奇。

时间是最无情的东西，湮灭了许多黄土白骨；时间又是最有情的东西，记住了许多爱恨情愁。因为但凡发生过的事，都会遗落痕迹，而时间就像一枚巨大的琥珀，缓慢无声地留下了一些印记。

哪怕只是一个寂寞的名字，那曾经也是活色生香的故事啊，唤醒她，只隔着薄薄的纸张。

步非烟，这应该是位有侠气的女子，笑起来风清云朗，爱穿一身红衣，背着一把小剑，下山四处闯荡；

柳摇金，这更像平民小户的女儿，俏丽活泼，梳了漂亮的望仙髻，插戴累丝嵌宝金步摇，走动起来叮叮咚咚；

双鱼，这大概是个富豪之家的婢女，清而丽，慧而黠，没有什么坏心肠，闲了就喜欢跑去后院斗草；

随清娱，她必定貌美，艳若桃李，又有着冷若冰霜的性情，最擅长吹箫，坐在杏花疏影里，美得如同工笔画；

顾横波，她有说不出的妩媚，一颦一笑，一曲歌喉，唱酥了整条秦淮河；

樊素，她像枝头的樱桃，玲珑小巧，会在晚来天欲雪的时候，煮上一壶绿蚁新醅酒……

美人已去，惊艳犹在。

哭，如梨花带雨；笑，如豆蔻梢头；动，如弱柳扶风；静，如芙蓉照水。

这世上永远不缺好看的皮囊。

有瘦身者，一袭长裙，摇曳生姿，裙角翩翩处，藏着夏日里捉不住的风。这让人想到赵飞燕，那个以细腰著称的美人，能够站在宫女的掌上起舞，身姿轻盈，几乎要随风而去，宫女们不得不抓紧她的罗裙。等风停舞歇，罗裙留下深深浅浅的痕迹，更添韵味，后世称之为“留仙裙”。

有爱哭者，一低头，一蹙眉，眼泪簌簌而落，偏又让人讨厌不起来，手足无措时，由怜生爱。这让人想起薛夜来，那个善于落泪的美人，连哭起来都是好看的，特意用玉壶盛了眼泪，看着它渐渐变成红色，凝结如琥珀。从此，红泪就成了一个绮丽的典故。

有贪吃者，荤腥肥瘦不挑，酸甜苦辣不忌，能调五味，也能烹小鲜。这让人想到董小宛，那个有着好厨艺的美人，会采摘初放的花蕊，磨出花汁，制成香露；也会用芝麻、松子、桃仁和糖桂花为原料，混制成酥糖，香甜可口，留下了“董糖”的美誉。

岁月是不败美人的，青丝成白首也好，总会有层出不穷的新面孔，眉梢眼角，似是故人。

美人已去，传奇犹在。

依旧是负心书生、薄幸郎君、风流公子，伤了如花似玉的姑娘；

依旧是一眼惊艳、一见钟情、一面倾心，误了芳年华月的终身；

依旧是连理分枝、劳燕分飞、破镜分钗，失了琴瑟和鸣的伴侣。

《圣经》里说得好，日光之下，并无新事。美人的故事来来回回依然挣不脱爱恨那点事。是十年寒窗穷书生，是三钱热酒江湖客，还是一笑翩翩佳公子，没什么区别。

然而，在不知不觉的时候，翻看故事的人，就变成了故事里的人。

你我又扮着谁的面目，演着谁的故事呢?

第一章

唐婉：也信美人终作土，不堪幽梦太匆匆

——要爱得凶猛，要分得体面

既然情深缘浅，不如就此作别

分手以后，遇到前任是一种什么样的体验?

有人说，在飞机上遇到他，他绅士地帮她点餐，她笑着说不饿，其实只是赌气，不愿意欠那一点人情；有人说，在路上远远地看到她，他慌忙把手里的烟往背后藏，愣了好一会儿才想起来，她不会像从前那样碎碎念了；有人说，在朋友的喜宴上重逢，他照旧帮她挡了几杯酒，她也照旧提醒他开车回家要当心。

有的人从伤心到耿耿于怀，有的人从遗憾到念念不忘，也有的人从释怀到淡淡一笑。

1152年，在绍兴的沈园，陆游与前妻唐婉不期而遇。

正是春光明媚的时候，园里种满了翠绿的柳树，长枝婀娜，清风微动，如同一缕又一缕的情丝，撩拨着一池春水，惹来涟漪阵阵。桃花开得妩媚，在枝头情意缠绵，有的含羞带怯，有的语笑嫣然，有的随风而舞。偶尔还有一两只燕子上下穿梭，不知道有没有衔来故人的消息。

曾经，陆游就带着唐婉来过这里。他们携手同游，走过翠蔓森森的长廊，折过姹紫嫣红的花枝，听过阶前点滴的雨；在休憩的凉亭，他诗兴大发，她温了一壶他最爱的黄縢酒，纤手如美玉，细细斟满杯。

多么熟悉的景致，多么熟悉的往事，多么熟悉的人，可惜一切都回不去了。

纵使此地此景犹在，可惜此生此情难求。

唐婉本是陆游的结发妻子，也是他的表妹。她性情贞静，温柔内秀，又生得美貌动人，娉婷如花枝，双眉不描而翠，身姿袅袅而纤，多次在陆游的诗词里浮现，譬如“玉姝眉黛翠连娟”“曾是惊鸿照影来”等。不仅如此，在女子无才便是德的风气下，唐婉饱读诗书，才情出众，陆游甚至将她比作东晋才女谢道韫。

这样一位才貌双绝的佳人，自然让陆游倾心，况且他们自幼相识，和旁人比起来，情意更加深厚。

在陆游十九岁那年，唐婉嫁到了陆家，有情人终成眷属。

他们的婚后生活非常幸福美满。有时，陆游在书房苦读，夜深了，唐婉便提一盏灯过来相陪；有时，唐婉采了大束的菊花，清洗晾晒，缝制一件清香的枕囊，让陆游好眠；有时，陆游新作了诗词或书画，邀唐婉赏读，两人不知不觉就消磨一个下午。

少年伴侣，正赶上情窦初开，本来就恩爱情浓，他们又如此心意相通，恩爱更胜寻常夫妻，说是神仙眷侣也不为过。

可惜唐婉并不讨婆婆的喜欢，也是，在礼教森严的宋朝，她如此鲜活明妍，哪个婆婆会喜欢这样的儿媳妇？陆老夫人喜欢的是一个循规蹈矩的淑女，是一个照顾夫君起居的能手，是一个督促夫君读书上进的贤妇。

唐婉显然并不符合，她满身书卷气，忙着和陆游诗词唱和，怎么会盯着他考取功名？相反，那些夫妻间的诗词之作和共读之乐，恐怕还大大地占用了陆游的时间，偏偏全家人都希望陆游走科举的道路。

陆老夫人自然心生不满，刚开始大概也有过一番忍耐，最后还是赤裸裸地挑明了，逼着陆游“发奋为古学”“教督甚严”，对唐婉也常常责备有加。

其实，陆游的选择和唐婉有什么关系呢？他自幼就喜爱诗文，无心科举之路，并不是唐婉影响了他，只是唐婉恰恰懂他，两人才如此契合。但在陆老夫人眼里，唐婉就是个阻碍陆游上进的绊脚石。

这种厌恶随着陆游坎坷的科举之路越来越深，终于，陆老夫人提出让陆游休妻。她提了好几次，一次比一次逼迫，而且还找好了堂而皇之的理由：唐婉没有生下子嗣。

陆游心里肯定是不愿意的，但他拗不过母亲，毕竟孝道大于天，他自小就是一个顺从听话的儿子。

谁也不知道，他写下那封休书的时候心里在想些什么。是挂念往日红袖添香的缠绵，还是幻想将来破镜重圆的美满？他或许还是抱了希冀的，想着考取功名了再将她接回来，他从此以后就越发埋头苦读。

据说，陆游曾经另筑别院，让唐婉居住，隔三岔五地前去探望，终归还是恋恋不舍吧，恩爱夫妻那么多，凭什么我们要错过？但陆老夫人利落地斩断了他的念想，她将唐婉送走之后，马不停蹄地又为儿子挑了一位新夫人王氏。

王氏是标准的闺阁淑女，不热衷诗词文墨，只懂得女红针织，再怎么贤惠能干，也讨不了陆游的喜欢。再加上陆游是被迫休妻，满腔真情都还牵系在唐婉身上，对这位新夫人就难以生出爱意。

可是，他到底还是另娶他人了。那点破镜重圆的幻想，也随之彻底破灭了，他金榜题名又如何，唐婉总不能回陆家当个小妾吧？她连等待的理由都没有了，心灰意冷地听从家里的安排，改嫁给了同郡的赵士程。

在爱里念旧，也不算美德

赵士程其实不比陆游差。

他出身南宋宗室，父亲是宋太宗的玄孙仪王，姑奶奶是宋仁宗的第十女秦鲁国大长公主。更难得的是，他不是什么纨绔子弟，是个宽厚重情的读书人，仕途平顺。

不管从哪个方面来看，赵士程和唐婉都是极不匹配的。论容貌，赵士程生得并不丑，何愁没有美貌女子相配？论出身，唐婉的家世并不是太高，否则陆老夫人也不会轻易休弃她；论才华，赵士程是正儿八经的出仕学子，而且官职不低，胸中多少有些文墨。

以赵士程这样出色的个人条件，他能娶一个再嫁之女，思来想去，除了真心喜爱，实在没有别的原因。

唐婉是愿意的，不管是被家中逼迫也好，还是被赵士程打动也好，抑或是对陆游心灰意冷也好，总之，她点头允嫁，就是一种对过去的放下和对未来的尝试。

她和陆游，确实有过山盟海誓。当初，他对她一心一意，她同样拿了真心实意回报。如今，他们没有机会再相守，她痛过，哭过，也伤过，却也只能向前走。

婚后，赵士程对唐婉呵护备至，哪怕偶尔见到她情绪低落，他也没有生出猜忌和责骂，而是体贴地陪她出游散心，让她一展笑颜。

就是这么不凑巧，有一次，他们在沈园时，遇到了独自出游的陆游。

陆游刚刚科举落第，再加上新娶的夫人并不合他心意，来到沈园，多少有些故地重游的辛酸和失意。他没有上前和唐婉打招呼，是不愿，是不忍，是不甘，也是不忿。

爱情里天生就有一些虚荣的成分，我们总希望与旧爱重逢时，自己能够光彩照人，欲盖弥彰地透露出“我过得很好”，以此证明当初的分手也不过尔尔。如果恰巧遇到对方落魄，那简直是天然的好剧本，不需要任何台词，彼此都能明白：你看，你错过了一个多么好的人。

越是在乎，越是“虚荣”，偏偏在这场重逢里，陆游是那个落魄的一方，而唐婉看起来光鲜亮丽，他无法不心酸。

唐婉大概也察觉到了这种心酸，只是她并没有落井下石地炫耀，而是挑拣了他最爱的黄縢酒和一些瓜果，给他送了过来。

当然，她征得了赵士程的同意。不得不说，赵士程的确是个风光霁月的君子，明明知道唐婉与陆游有过旧情，他还是大方地理解了，让她赠送酒食，让两人见面叙旧。

而这些落在陆游眼里，就成了唐婉不忘旧情的证据。想起劳燕分飞的两个人，想起山盟海誓的过往，他默默饮尽了那壶酒，在园子的墙壁上题了一阕《钗头凤·红酥手》。

“红酥手，黄縢酒，满城春色宫墙柳。东风恶，欢情薄，一杯愁绪，几年离索。错、错、错。

春如旧，人空瘦，泪痕红浥鲛绡透。桃花落，闲池阁，山盟虽在，锦书难托。莫、莫、莫。”

相见错，相念错，相思错；莫相恨，莫相瞒，莫相忘。

陆游显然活得拧巴而痛苦，他已经失去旧爱，但他又不愿意接受新欢，抓着往日的情分不放，自己矛盾着，也拖累了旁人。

既然无缘，何必念念不忘？这是人来人往的沈园，已是各自男婚女嫁，陆游当真不知道避嫌吗？一个再怎么情感充沛的诗人，在前任面前也应该学会克制，因为她已经有新的生活。

果然，当唐婉看到墙壁上的题词后，整个人郁郁寡欢，据说还回了一首《钗头凤·世情薄》，没多久就郁郁寡欢地离世了。

这就是一个女人的心软和为难。她还能如何呢？那是往日爱过的男人，那是他一字一句的深情，七分追忆，三分质问。即使她忘得干干净净，转身投入别的怀抱，面对这首词，也会生出怅惘和不安，被他勾起旧情，觉得自己负心薄幸。更何况唐婉还没有真正放下，心里始终遗憾，她怎么会不难过、不纠结？

一首《钗头凤·红酥手》，误了唐婉后半生。可惜陆游把这当作深情，尤其在唐婉离世之后，他对旧情更加放不下，和身边人更加相处不来。

他余生都在惦记沈园，一次又一次地故地重游，一次又一次地凭吊美人，直到黄土白骨。

六十三岁那年，他在严州任上，看到有人采菊花制作枕囊，立刻想到了唐婉，泪流满面，“唤回四十三年梦，灯暗无人说断肠”；七十一岁那年，他夜里几次梦到唐婉，鸡鸣时分惊醒，辗转反侧，“玉姝定自多才思，更与人间替说愁”；八十二岁时，他仍然拄着拐杖去沈园，在碧波桥上徘徊，怀念唐婉当年的倩影，“也信美人终作土，不堪幽梦太匆匆”。

与此截然不同的是，他几乎没有给新夫人王氏写过只言片语。

这算深情吗？算吧，可是他给错了对象，给错了时机，他还活在新婚宴尔，但人间已经沧海桑田。明明知道两个人已经不可能，深情又有什么用？只能困住两个当事人，只能伤害旁人。

要是真喜欢，那就咬着牙，豁着身家性命去守护，别弃了她，别娶新人。既然断了，那就只能断得彻底，否则白白误了自己，误了她。

可惜唐婉和陆游都没有明白。

微疗愈

聪明的女人，都是爱得凶猛，分得体面。

任何一段感情都应该是这样，相爱的时候，不欺不瞒不相负，离开的时候，不拖不欠不纠缠。我们谁都不知道，感情走到最后会是什么结果，但我们都尽力了、用心了，也就足够了。

如果情深缘浅，那就好聚好散。

第二章

柳如是：最是西泠寒食路，桃花得气美人中

——自己活得拧巴，别怪生活可怕

生活是一道选择题

十里潋滟秦淮河，无人不知柳如是。

于古，她是“秦淮八艳”的招牌，琴棋书画无所不能，吹拉弹唱样样精通，在无情的史书上，留下一点有情的故事；于今，她是稗官野史的谈资，美得引人入胜，艳得活色生香，连国学大师陈寅恪，都巴巴地为她写一部传记。

她活得风光，但她活得并不幸福。

她的故事，要从一个叫归家院的地方说起。那是吴江县盛泽镇最有名的青楼，掌门人叫徐佛，在当地颇有名气，一方面是因为她精通琴乐，擅长画兰，长得美艳不俗；另一方面是因为她会专门收养一些女童，精心调教她们，人称“瘦马”。待她们长大后，再转手卖为女奴或小妾，因此她常常和各路权贵打交道。

柳如是被父母卖到归家院的时候，还不到十岁，名字叫杨爱。

那会儿，她所思所想，无非就是能过上好日子。一个贫苦人家出身的孩子，最贪图的就是衣食温饱，落身风尘也不在乎了，跟在徐佛身后，亦步亦趋地学着卖艺唱曲。

她生得娇小玲珑，容貌不见得是最美的，但她的聪慧和机敏是无人能比的。有一次，复社领袖张溥来探访徐佛，徐佛不在家，柳如是接待了他，她一番高谈阔论，让张溥都禁不住刮目相看。

更何况她还有满肚子学问，博览群书，能诗能文，还能画一手好丹青，尤其以白描花卉闻名，时人都称赞她秀雅绝伦。

这样一个出色的小姑娘，在十三四岁时，就被徐佛转手卖到周道登家中。或许在她看来，这是极好的去处，毕竟周道登曾当过宰相，如今罢官还乡，也仍是有身份的人物，有权又有钱，有才又有闲。

然而，周道登已经七十多岁了，给他当小妾有什么好？哪怕他对她宠爱有加，把她抱在膝盖上，教她读书，给她讲解朝务政治；哪怕他给她改名，以李商隐的诗句“对影闻声已可怜”，唤她“杨影怜”；哪怕他提供了锦衣玉食，她依然过得不顺心。

她正当豆蔻年华，对着行将就木的男主人，很难生出儿女情思。这时候，她大概渴望年轻而鲜活的爱情，才子夜会佳人，金风相逢玉露，就像书里那些不朽的故事。

所以，当柳如是被赶出周府时，有许多传言说，是因为她和小厮私通被发现。这或许是中伤，也或许是一颗蠢蠢欲动的女儿心。她其实没有吃过什么苦，除了童年留下一点贫穷的印记，后来就被奇货可居地娇养着，手指不沾阳春水，不理俗务，心里难免怀了几分风花雪月的念想。

离开周府，到了苏州的一家青楼，她干脆大张旗鼓地表明身份：“故相下堂妾。”她很懂得为自己造势，老宰相的小妾，谁不想一睹为快？

当然，她的客人都是要精心挑选的。她有轰动全城的噱头，又有知书识礼的聪慧，还有吹拉弹唱的才艺，不愁生计，她要挑选的是合心合意的郎君。

她遇到了名动江南的“云间三子”：丰神朗骨如陈子龙，少年潇洒如宋征舆，文采风流如李雯。个个都是人中龙凤。

他们彼此相见恨晚，常常相约饮宴，诗词往来里，都是一派春光明媚：陌上游，杏花满头，谈笑风流。柳如是更是脱籍从良，买了一艘画舫，接受陈子龙等人的提议，从苏州前往松江一游。

这一路，有好山好水好文章，有美食美景美娇娘，还有悄悄滋生的爱情。

柳如是最初选择的是宋征舆。相比陈子龙和李雯，宋征舆最为年少，正是十五六岁的年纪，还透着轻狂和骄傲，正与她匹配。更重要的是，他还没有娶过妻，见了她，一颗心全部落在她身上。

他成天往画舫跑，有一次，碰巧赶上柳如是睡懒觉，她便让侍女传话：宋郎切勿登舟，郎要真有意，请跳到水里等我。宋征舆想也不想，“扑通”一声跳进了江里，柳如是哭笑不得，连忙让仆从把他捞起来，心里却是满满的甜蜜。

哪个少女不怀春？她也正情窦初开，遇到了爱情，猝不及防又溃不成军。

宋征舆确实满足了她对爱情的所有幻想，他才华横溢，温柔体贴，又是人人称道的少年郎，就像一件舒适而漂亮的名牌大衣，既实用又虚荣。

可是好景不长，宋征舆的母亲听闻这事以后，立刻将儿子扣在家里，不准他再和柳如是来往。宋家在当地是有头有脸的门户，怎么会容得下一个风尘女子？她只是轻飘飘地和官府打了一个招呼，他们就以不接纳外地娼妓为名义，驱逐柳如是。

宋征舆也为此抗争过，向母亲解释柳如是的为人，还偷偷从家里翻墙出来，跑去探望柳如是。但这远远不够，他到底是娇生惯养的世家公子，风花雪月惯了，虽然有千金买笑的情意，却没有孤注一掷的勇气。

当母亲闹得不可开交时，当柳如是抱着琴找上门来求助时，他怯懦地说："要不，你找个地方避一避吧。"柳如是勃然大怒，立刻抽出随身的佩刀，将那把琴从中斩断，说道："我和你自此决矣。"

宋征舆惊愕交加，两人就此别过。

懂得取舍，才会快乐

这一场爱情虽然不欢而散，引发的后遗症却还在。面对官府的驱逐，柳如是走投无路，幸好陈子龙出面，帮她上下打点，让她继续留了下来。

陈子龙大她十岁，为人潇洒倜傥，精通经史，诗词双绝，是晚明著名文学团体"几社"的领袖，在江南文士中很有声望。他出身也不低，父亲是工部侍郎，自己也在走科举取仕的路子。

这样的男人，出演爱情剧本里的男主角，显然是绰绰有余的，柳如是挑中他并不奇怪。

两人初识时，陈子龙并不待见这个声名远播的风尘女子，柳如是托人递上名帖求见，自称“女弟”，他没有回复，也没有搭理。柳如是便女扮男装，穿了一身儒生的衣着，亲自登门拜访。

一见面，她就毫不客气地质问陈子龙：“风尘中不辨物色，何足为天下名士？”

你认为我是风尘女子，以此眼光看人，这叫什么名士？陈子龙哑口无言，一时竟不知道如何作答，但心里始终不以为然。

相熟以后，陈子龙才渐渐为这个小女子所倾倒，她有温香软玉的柔情，琴棋相伴；她有诗词唱和的才华，红袖添香；她还有志怀高远的胸襟，不屈不折。

在陈子龙的安排下，柳如是离开画舫，住进了南楼，两人朝夕相处，过了一段神仙眷侣的生活。春来赏花，秋来听雨，冬雪时闭户读书，她特意为他写《男洛神赋》，表达爱意，而他则回了一篇《湘娥赋》。

她甚至给自己改了名，“我见青山多妩媚，料青山见我应如是”，柳如是，这个名字就透着恋爱里的甜蜜和试探：我爱郎君处处好，盼君爱我亦如是。

柳如是曾经说，“碧间红处最相思”。毫无疑问，陈子龙是她最爱的男子，她爱他的风姿，爱他的才华，爱他的名声，更爱他满腔济世报国的志气。在见过那么多形形色色的男人以后，她对陈子龙的爱是最深也是最真的，几乎是一种臣服和崇拜。因为唯有他，才匹配她的大气卓识，才懂得她不输给男儿的风骨。

然而，爱是让人贪心的，她为什么不能留在他身边呢？哪怕只是一个妾的身份。

陈子龙早就有了妻室，还有一个小妾。那是南明，偏安一隅的年代，末路狂欢的年代，文人墨客也好，贵族显赫也好，逛青楼是一种常态，人人都醉在酒杯里，卧在美人膝。

没有谁会嘲笑一个文人逛青楼，但没有谁会正儿八经地把一个妓女娶回家。陈子龙当然也不会，为了杜绝这个可能，他的夫人甚至帮他精心挑选，替他纳了一个新的小妾。

陈家的态度很明确：纳妾可以，但娼家女不可以。柳如是进门无望，只能选择离开，留给陈子龙《寒食雨夜》十绝句，算是最后的道别。

她才二十出头，依旧是鲜嫩的花，却已经尝透了爱情的酸甜苦辣。她想，她或许不那么需要爱情了，她需要的是名分地位，因为她知道了，自己无法依靠爱情来体面地活着。

无处可去的柳如是，再次返回盛泽镇的归家院。此时，徐佛已经从良嫁人，她就接替徐佛成了归家院的掌门人。

时光打着转又转回了原处，芭蕉又绿了，樱桃又红了，柳如是依然是那个受人追捧的名妓。南明的官员们忙着党争，文人仕子们流连勾栏瓦肆，她的一出曲子唱了又唱，唱不尽那些繁荣和奢靡。

她有一位特别的粉丝，虽然没有见过她的面，却暗暗叹服于她的才情。

这个人就是钱谦益。

钱谦益也是人中之杰，二十八岁考中进士第三名，宦海沉浮二十年，做过礼部侍郎；不仅如此，他还是东林党的领袖，在文人仕子中声望非常高。

在朋友的牵线搭桥下，柳如是乘一叶扁舟，前往半野堂，拜访钱谦益。她还是做男子打扮，穿着幅巾弓鞋，看起来就是一个玉树临风的美男子。

钱谦益惊艳不已，一番交流之后，更是欣赏她的机敏和灵秀，称赞她有“林下风致”。仅仅十日后，他就为柳如是造了一座精致小楼，盛情邀她入住。小楼取名“我闻室”，借用了《金刚经》中“如是我闻”之句，暗合了柳如是的名字。

谁能想到，一个五六十岁的大儒还能有这样的深情。他们在小楼中安然度日，亭台间踏雪赏梅，寒舟上采莲垂钓，月下品茶论道，雨中谈诗论文。

自己活得拧巴，别怪生活可怕

崇祯十四年的夏天，柳如是嫁给了钱谦益，她只有一个条件：他必须以娶妻之礼来迎她进门。

她当然知道，钱谦益早就娶过妻子，甚至是儿孙满堂了，即便以所谓的娶妻之礼进门，她照样只是小妾而已。但她偏要如此，这是因为从前留下的一点疤痕，也是一点扬眉吐气的虚荣，是一点退而求其次的不甘。

于是，钱谦益热热闹闹地以“匹嫡”之礼迎娶了柳如是，轰动整个江南。有人骂，有人劝，有人不屑，有人叫好，有人看热闹。

柳如是心满意足。她爱钱谦益吗？这不重要，可能爱对她来说也不重要了，她渴求一个体面的名分，而钱谦益则是一个出于现实的选择。

婚后，他们也有过一段融洽的时光，柳如是也曾经欣赏过钱谦益身为文坛泰斗的才华和风骨。她常常以梁红玉自比，那个在乱世里建功立业的巾帼英雄，也是娼妓出身，也是一个小妾而已，也是嫁给了一介英雄，对方能做到的，她为什么不可以？

与其说柳如是爱钱谦益，不如说她爱钱谦益给她的身份和潜在的种种可能。

然而，她似乎预料错了。

1645年，清军大举南下，直奔南京而来，朝廷百官望风而逃，钱谦益等三十一名官员跪在风雨中，迎接新主。

柳如是虽然只是一介女流，但向来深明大义，连裙下之臣也都是志存高远的俊秀之才，如何能容忍丈夫的变节？她几次劝说钱谦益："是宜取义全大节，以副盛名。"

你既是高官，又出身望族，而且文坛影响巨大，怎么能做出对不起朝廷和祖宗的事？你应该以身殉国，刀、绳、水，你任选一样，你殉国我殉夫。

钱谦益左思右想，说："那咱们投湖自尽吧。"

两人来到西湖边，钱谦益犹豫半天，将手伸到水里，说了那句很有名的话："水太凉了，我这身子骨恐怕不行。我们改天再来吧！"

柳如是摇摇头，一个翻身便跳进了湖里，但很快就被仆从救了上来。

这时候，她要的不是身份了，而是一种实现理想的可能。因此，当钱谦益做出让她失望的选择时，她与他的婚姻情分也彻底破灭了，哪怕那原本就只是表象。

钱谦益前往北京做官时，柳如是没有随行，她留了下来，不久，就传出了和郑姓男子的私通丑闻，还被钱谦益的儿子报官检举。

这并不奇怪，她对钱谦益已经完全灰心，姘夫正是一个年轻力壮的男子，说不定还抱着满腔反清复明的热血，能不吸引柳如是吗?

但她偏偏还顶着钱家小妾的头衔，舍不得，也就走不开。

当钱谦益卷入一桩反清复明案被捕入狱时，她出面奔走，散尽钱财，冒死为他博得了一个活命的机会；在钱谦益去世后，族人合伙算计家产，以讨债为名涌上门来，长子无能，幼女文弱，她挺身而出，对一群穷凶极恶之徒放话："你们明天晚上再来吧，你们要什么都好商量。"她连夜书写讼状，派人送到府县告难，自己则一根白绫，吊死在荣木楼上，以命相搏，这才得到府县的照拂。

那年，柳如是四十六岁。

微疗愈

柳如是的一生，是传奇，也是不幸。

她渴望真挚的爱情，却止步于身世背景；她向往体面的生活，却不甘心失去自我；她追求高洁的理想，却没找对同路之人。

她不愿意窝囊委屈地生，只好利索而隆重地死。

有时候，得不到不是因为不够努力，而是因为目标不够唯一。什么都想要的人，最后可能什么都没有。

第三章

上官婉儿：势如连璧友，心似臭兰人

——手握一副烂牌，也要认真打完

即使没有赌注，也不轻易认输

在上官婉儿出生之前，所有人都以为她是一个男儿。

因为她的母亲郑氏做了一个梦，梦里有人给了郑氏一杆巨秤，然后说："持此称量天下士。"郑氏醒来后找人解梦，得到的答案是："当生贵子，而秉国权衡。"

贵不可言，擅政弄权，这分明是男儿的事。郑氏和整个上官家族都欣喜不已，无比期待这个预言中的男儿，而身为女婴的上官婉儿让他们大失所望，甚至招来了许多嘲笑。谁能想到，多年后她左右政坛和文坛，号称"巾帼宰相"，游走于权力的中心，是名副其实的贵子。

其实，上官婉儿出生的时机并不好。她尚在襁褓时，上官家族就遭遇了倾覆之灾，男性全部下狱处死，女性全部发卖为奴。

那是曾经出过上官桀、上官安、上官贤、上官弘等名臣将相的家族，显赫无双。她的祖父上官仪更是初唐赫赫有名的人物，居宰相之高位，创"上官体"之诗风，甚至敢起草废除武后的诏书。但正因为如此，上官仪惹怒了武则天，才招致了杀身之祸。

上官婉儿是在掖庭长大的，从官家千金变成了一个女奴，其中艰辛，可想而知。

如果人生是一场冲刺赛，那么，相比于其他选手，上官婉儿在起点就已经输了太多：罪人之后、年幼失怙、身为奴籍，当权的武则天甚至还是她的杀父仇人。

她拿到的这手牌糟糕无比。

真的有天之骄子吗？或许有，但更多人，只是普通人。站在差不多的起点，拿着差不多的牌面，奔着差不多的目标，尽自己所能去过得更好。

上官婉儿也是如此，从她懂事起，她就是一个奴婢，还是最卑贱的那种。如果运气好点，能平平安安地在宫里终老，要是遇上宽容良善的主人，还能揽些钱财，或者被赏赐给贵人们当妾室。

这已经是一个奴婢最好的出路了，但她不认命，不甘心这辈子都只是奴婢。于是，她咽下了其他奴婢吃过的苦，也咽下了其他奴婢没有吃过的苦。

从牙牙学语开始，上官婉儿就跟随母亲郑氏识字、念书，这项在其他人看来没有任何用处的事，她始终坚持着。而且她聪慧过人，深得祖父上官仪的真传，能诗能文，才思敏捷。

人生永远没有白走的路，当年吃过的苦，在日复一日的煎熬后，都会酿出日后的甜。因为所谓的明天，其实就是无数个今天埋下的种子所结出的果实。

十四岁时，因为一个偶然的机会，上官婉儿得到了武则天的召见。或许，武则天是听闻了她聪慧的名声，毕竟她苦读多年，苦心经营，就是为了出人头地。

武则天有心考校，当场出题，命她作答。对上官婉儿来说，这无疑是一次崭露头角的机会，或许也是唯一的一次，鉴于她的身份，她不见得还有这样的好运气。

她用生平最快的速度，写了一篇她认为最好的文章，用尽全力，字字珠玑。

如此敏捷的文思和如此出色的才华，让所有人都大吃一惊，这哪里像是从掖庭里出来的奴婢呢？武则天大喜过望，夸赞道："此女绝非凡骨！"这个天底下最心机敏锐的女人，向来欣赏聪明的女人，她甚至不介意这是自己仇人的孙女，当场就免除了上官婉儿的奴婢身份。

这是上官婉儿第一次见武则天，凤座之上，那是大唐的皇后，是实质上的当权者，是杀父仇人。十四岁的她难道不害怕、不愤怒、不惊惧吗？但她忍下了所有，给自己挣来了一个翻身的机会。

从这以后，上官婉儿就留在了武则天的身边。

当然，她的日子其实不会太好过，机遇总是伴随着挑战的。武则天再怎么任人唯贤，身边放着一个仇敌的孙女，暗地里少不了提防；而上官婉儿的荣辱沉浮和身家性命都系在她身上，自然是战战兢兢，如履薄冰。

武则天每次在朝堂和臣下们议事时，都会让上官婉儿藏在案几底下，记录臣下们所说的话。有一次，武则天和宰相议事，上官婉儿在做记录时，偷偷地瞧了几眼宰相，结果被唐高宗发现了。退朝后，武则天勃然大怒，顺手取了甲刀，扎在上官婉儿的面上，并禁止她拔下来。

即便身为武则天的亲信，能够接触宫中朝政，看似风光无限，可是，一旦被怀疑有异心，她立刻就被打回原形，仍然是那个卑贱的奴婢，生死不由自主。

刀伤痊愈以后，上官婉儿的面上留了一处疤痕，为了掩盖痕迹，她就请人在疤痕那儿文了一朵红色的梅花。原本是她的无奈之举，宫女们却觉得她这样更添娇媚，于是效仿她，用胭脂在额头或鬓角点红，画成梅花的形态，一时间，这种妆容竟流行起来。

千娇百媚红梅妆，生死攸关女儿心。人人只知道她的美，却不知道她的伤。

身处谷底时，每一步都向上

伴君如伴虎，死里逃生的上官婉儿，迅速调整了自己和武则天的关系，再次获得恩宠和信任。这一次，她更谨慎，也更成功。

武则天称帝时，上官婉儿已经掌控了内政诏命，凡是群臣奏议和国家要事，她都有参与的权限。不仅如此，武则天还让她处理百司奏表，这意味着她可以直接管理政务。

许多人不解，上官婉儿是怎么与杀父仇人共事多年的？其实，这何尝不是她的过人之处呢？就像电影《深海长眠》中的主人公雷蒙所说：“当你知道一切都无法回避时，你会学着用笑来哭泣。”

我们要诚恳地接受自己的处境，再糟糕又能如何？哪怕跌到谷底，每一步都是折腾着向上。

武则天退位后，中宗李显复辟，上官婉儿利用自己在文坛和政坛的影响力，为朝廷引用人才、安排心腹。她顺利地站到了李显的队伍中，得到这位新帝的信任，不仅专掌起草诏令，还被封为昭容。

据《旧唐书》的说法，她的地位仅次于皇后一人和妃子三人，属于“九嫔”的第二名。至此，这位身世悲惨的才女终于爬到了权力的巅峰，专秉内政，风头无两。

她终于像预言中的那样，不仅权倾朝野，还给整个上官家族带来了无上的荣光。她为当年的旧案平反，她的母亲郑氏被封为沛国夫人，祖父上官仪被追赠为楚国公，父亲上官庭芝被追赠为天水郡公。

谁能想到，那个神秘而荒诞的梦，真的在上官婉儿身上应验了。

中宗李显喜好文学，上官婉儿便设置昭文馆学士，广纳天下词学之臣；又常常组织文学宴，赋诗唱和，名列第一者，能获赐金爵，贵重无比。因此，朝廷上下都喜爱吟诗作赋，不仅是中宗，韦皇后和安乐公主也频频参加这类活动，而上官婉儿就是当之无愧的裁判，她每次还同时替中宗和韦皇后等人代笔作诗，诗句优美，引得时人追捧和传诵。

有一次，中宗带着上官婉儿去参加昆明池的游宴。中宗诗兴大发，即兴作了一首诗，命百官各作一首，然后让上官婉儿登楼评诗，选出第一名。当着文武百官的面，上官婉儿捧着所有的诗作，一边看，一边扔，那些落选之作如雪片纷纷从楼上落下，看得官员们目瞪口呆。

当时，沈佺期和宋之问两人齐名，是文臣中的佼佼者。上官婉儿拿着两人的诗作，淡定地做了一番品评：“二诗工力悉敌，沈诗落句云‘微臣雕朽质，羞睹豫章材。’盖词气已竭；宋诗云‘不愁明月尽，自有夜珠来。’犹陟健举。”

她判定宋之问胜出，没有任何人不服。相反，上官昭容的风姿让所有人为之倾倒，传为美谈。可以毫不夸张地说，她代朝廷品评天下诗文，几乎所有文臣都拜在她门下，称她为当时文坛的风向标，也并不为过。

这些都不是上天给的，而是凭她自己努力得来的。

可惜，上官婉儿最后没能善终，她身在权力的旋涡中心，不可避免地卷入了韦氏、武氏和李家王朝之间的纠葛。

她是中宗亲封的昭容，荣宠和权柄都依附于李氏王朝，自然要亲近中宗；但中宗性情软弱，韦皇后把控朝政，有意立安乐公主为皇太女，她又不得不在韦皇后和安乐公主之间周旋；而武氏一党是避无可避的纠葛，毕竟她早年一直侍奉武则天。

在三方势力的角逐和较量中，上官婉儿每一步都走得不容易。

她曾经推崇武氏，而排挤太子李重俊，结果招来对方的捕杀。她仓皇地逃到中宗和韦皇后那儿，扬言道：“观太子之意，是先杀上官婉儿，然后再一次捕弑皇后和陛下。”中宗和韦皇后一时大怒，带着上官婉儿登上玄武门，斩杀了太子。

她曾经极力反对立安乐公主为皇太女，从检举揭发，到辞官不做，再到削发为尼，甚至以死相谏。她喝下毒药，多亏太医紧急救治，才得以保命。

她也曾经和太平公主一起起草诏令，立李重茂为太子，李旦辅政，支持李唐政权。

可惜历史是无情的，政权的博弈之间，永远会有无辜的牺牲品。当李隆基发动政变，诛杀韦皇后和安乐公主一党时，上官婉儿秉烛率宫人迎接，并拿出自己和太平公主所拟的诏书，以表示她是和李唐宗室站在一起的。

李隆基没有留情，将上官婉儿斩杀于旗下。不过，政变成功后，李隆基父子很快又恢复了上官婉儿的昭容封号，将她厚葬于雍州。

微疗愈

在上官婉儿辉煌而又跌宕的一生中，她其实总在用有限的条件，博出更多的可能。

所谓“谋事在人，成事在天”，大概就是如此。

当命运给了你一副烂牌，给不了你更多资本时，抱怨和消极对待是没有意义的，自暴自弃只会让情况更糟，倒不如全力以赴，把烂牌打好。

赢了，是辉煌的胜利；输了，也输得漂亮，虽败犹荣。

第四章

顾太清：万人丛中一握手，使我衣袖三年香

——长得漂亮是优势，活得漂亮是本事

生命中的漏洞，都可以用心修补

“男中成容若，女中太清春。”

这话在清朝子弟中很盛行，论写词，没有谁能胜过他们两人，才子佳人。成容若，就是纳兰性德，字容若；太清春，则是顾太清，名春。

很多人只知道前者，却不知道后者同样惊艳绝伦。

顾春出生于北京城，在嫁入皇室之前，她并不姓顾，原姓西林觉罗氏，人称西林春。她是满洲镶蓝旗人，曾叔公是赫赫有名的大学士鄂尔泰，祖父担任甘肃巡抚，母亲出身香山富察氏，可谓门第显赫。

那时候，西林春是最标准的名门闺秀。

她家世过人，她的曾叔公鄂尔泰历康熙、雍正、乾隆三朝，风头无两，荣宠无限，不是寻常官家可比的。

她容貌明丽，身量适中，小小年纪便开始显露风华。有一次，她穿着宫装，骑在马上弹琵琶，手白如玉，衬托着琵琶漆黑如墨，引来许多人围观，称赞她是昭君再世。清人画昭君出塞图，都喜欢以她为样本。

她才华出众，幼时就由祖母启蒙习字，六七岁时，就跟随家里的老师学习诗作，《名媛诗话》里称她“才气横溢，援笔立成”。她也善于骑射，喜欢做男儿装打扮，马上功夫不输给家里的儿郎。

她还有个青梅竹马，他就是荣亲王永琪的孙子，奕绘贝勒。这位荣亲王正是《还珠格格》里的五阿哥，备受帝王宠爱。不过他的福晋并不是小燕子，而是一位出身西林觉罗家的淑女。因为这层亲戚关系，西林春才得以频频出入王府，与奕绘贝勒经常接触，也算是两小无猜，很像《红楼梦》里贾宝玉和史湘云。

“懒与凡葩争艳冶，清新。赢得嘉名自冠群。”这是西林春的一阕《南乡子》。吟咏的是瑞香花，又何尝不是说她自己？有才、有貌、有势，我凭什么不能有野心？我要做最耀眼的那个。

可是，她很快迎来了挑战。

因为一场文字狱，整个西林觉罗氏都遭逢大难，祖父被赐帛自尽，家产被查抄归公。偏偏西林春的父亲又早早过世了，家中没有其他出仕的男丁，富贵权势，转眼成空。西林春不得不跟随祖母南下，去投靠亲友为生。

这一走就是许多年，往事锦绣如梦，再难回头。

西林春并不甘心，也不认命，有才有貌的她，在二十六岁时还没有嫁出去。是无人追求吗？是喜欢孤独吗？当然不，是明珠不愿意把自己当成鱼目。

身为罪臣之后，是再也没有机会入朝为官的，家族中的女性甚至没有资格和权贵结亲。但西林春仍然没有放弃自己，即使家境贫困，她和哥哥、妹妹也没有放弃进学和诗词写作。

唯有自重，人方重之。

如果西林春认命了，最好的结局也就是当个富商太太，或者嫁给平民小户，洗衣煮饭。但她没有，她最终等来了奕绘贝勒，等来了自己的转机。

一次偶然的机会，奕绘南下苏州，在宴会上重逢了当初的玩伴。众人面前，身为罪臣之女的她假装不认识他，眼角的余光却一次次偷偷瞟过来，十分惹人怜爱，七分羞涩，三分犹豫；私底下，他们像从前那样亲密无间，手牵着手，低声说着悄悄话。

奕绘无法不心动，他送给西林春一枚价值不菲的玉佩，作为定情信物。

要说奕绘对西林春情根深种，那也不见得，假如她草草嫁了人或者落魄粗鄙，他顶多施舍点善心。可能还要在心里唏嘘一句物是人非，再把从前那些嬉闹的记忆渐渐忘了。但多年后再见，她依然是亭亭玉立的美人，依然能诗善词，依然满身灵气，还多了江南姑娘的曼妙和明丽，这不免让他惦念起当年那点意犹未尽的情分，生出怜惜和爱慕也是自然而然的事。

人的感情就是这么浅薄。说到底，谁都喜欢美好的东西，所以我们都要努力活得漂亮，哪怕在黑暗里没有光，也要摸索着往前走；哪怕在悬崖上没有路，也要手足并用地往上爬。

说她势利也好，说她心机也好，说她白莲花也好，反正西林春牢牢地抓住了这个翻身的机会，一跃而上。哪怕奕绘早就娶了福晋，她只能当个侧室。

当奕绘返回北京城时，自然舍不下朝夕相处的恋人，他竟然不顾皇室律法，冒着被处罚的危险，带着西林春一起上路了。

那时，皇室子弟的婚嫁是很严格的，哪怕只是侧室，也要求身世清白，通过层层审核后才能得到皇室承认。为了能够顺利嫁入王府，西林春和奕绘想出了一个瞒天过海的法子：

她不惜隐去自己的姓名，找到王府的一个二等护卫顾文星，认他做父亲，用顾家女儿的身份出嫁，成功地骗过了宗人府。

从此，“西林春”变成了“顾太清”，落魄的小娘子变成了显赫的侧福晋。

人可以失败，但决不能被击败

所有吃过的苦，都会熬出日后的甜，不得不说，顾太清的忍耐和坚持都是有道理的。

婚后，顾太清和奕绘琴瑟和鸣，感情极其融洽。没多久，福晋因病早逝，奕绘终身没有续娶，只守着顾太清，堪称一生一世一双人。

这些荣宠都是顾太清凭空而来的吗？当然不是，对她来说，嫁入王府并不是一个结果，而是一个开始，因为幸福和美满从来不会水到渠成，它需要愚公移山般的经营。

顾太清付出的并不少。

因为时人重视子嗣，她生了四子一女，个个都悉心教导，尤其是儿子们，无不是年少英才，名声在外。因为奕绘爱好诗词，性情风雅，她便称呼他为“夫子”，两人相互吟咏。连“顾太清”这个名字，也是专为奕绘而生，奕绘号太素，“太清”刚好与之相匹配。奕绘的诗集取名《流水篇》，顾太清的诗集便称《落花集》，处处都是比翼双飞的深情。

这是一种曲意逢迎，也是一种实打实的上进，为了能跟上爱人的脚步，努力把自己修炼成更好的人。

顾太清做到了什么地步呢？她自幼学的是写诗，跟随奕绘以后，才学着写词。清人写词，出色者本来就不多，她身为女流，却能占得一席之地，被公认为“清代词后”“满洲第一女词人”，名声远远盖过奕绘。

这还不够，这个“野心勃勃”的女人看得更多、走得更远，她把爱好经营成自己的事业。

顾太清以自己在词坛的影响力，号召整个北京城的名媛淑女，创办了秋红吟社，虽然规模不大，却是明清以来，唯一的突破血缘关系而建立的诗社。成员们不论出身，不问年龄。一时间引来轰动，获得无数文人墨客的追捧。

京中无人不识顾福晋，但“福晋”之位，只是给了她崭露头角的机会。是她成就了“福晋”的美名，而不是“福晋”成就了她的荣光。

她凭的是自己。

假如故事到此为止，那顾太清也就是言情剧的女主角，少了些跌宕，多了些幸运。但她不是，她拿了励志剧的剧本，更难，也更勇。

在鹣鲽情深的第十四个年头，奕绘突然病倒了，短短一个月便溘然长逝，甚至来不及安排身后事。

顾太清猝不及防，再次从云端跌入谷底。上有严苛的婆婆，两人关系僵硬；下有原配所生的长子，对可能分走钱权的继母与弟弟妹妹横眉冷对。

她正是大好年华，却从此闭户不出，独自养育几个儿女，京城中的文人名士谁不感叹一声？于是个个都登门拜访、写诗慰问，她的待遇不比以前差。

连龚自珍都是王府的熟客。

奕绘生前，常常在府上设宴，邀请许多文人名士做客，龚自珍就是其中的一位，他与夫妇俩都相熟。这位江南才子诗名在外，每次有新作品出来，总是第一时间在京城内传抄。在顾太清寡居的次年，龚自珍的一首新诗，引发了轩然大波："空山徙倚倦游身，梦见城西阆苑春。一骑传笺朱邸晚，临风递与缟衣人。"

诗后还有小注："忆宣武门内太平湖之丁香花一首。"诗中的"太平湖"，就在距贝勒王府不远的湖畔，有一片茂密的丁香树，花开如海；诗中的"缟衣人"，很有可能就是顾太清。

按理，即使龚自珍与顾太清诗歌唱和，也不过是老友往来，不至于招致非议。但谁让顾太清正在守寡呢！一个有身份、有美貌、有才情的女人，却没有丈夫，自然惹来许多外人的猜测。

奕绘的长子本就不喜欢这个继母，借这个机会，他索性诬陷顾太清与龚自珍私通，嚷得沸沸扬扬，将她们母子几人都逐出了王府。

众口铄金，这下，没人相信他们是清白的。龚自珍有口难辩，他选择了逃避，带着一车诗书，离开了北京城。

顾太清却没有走，她为什么要走？她问心无愧。

她卖了首饰，在养马营租了几间破旧屋子，安置自己和儿女，安安分分地度日。

从市井小民、富贵闲人，再到市井小民，换成旁人也许早就崩溃了。但顾太清没有失去生活的勇气，自杀殉情？以死明志？固守王府？在写给亡夫的悼念诗里，她这样说：“几欲殉泉下，此身不敢轻。”

她要好好地活着，不低头、不抱怨、不屈不挠。

在疲惫的生活里，顾太清依然活成了英雄。她以“云槎外史”为笔名，开始学写小说，竟然成了中国小说史上第一位女性小说家。《红楼梦影》是她最出色的作品，很难想象，一个女子竟然敢续写《红楼梦》，而且写得还不错。

清朝有十三部《红楼梦》续书，《红楼梦影》是最好的两部之一。

哪怕没有了侧福晋的名头，谁又能小瞧她呢？哪怕被摁在泥地里，也想方设法地出淤泥而不染。

这种坚守和上进是有意义的，五十九岁时，顾太清再一次等来了命运的转机。

奕绘的长子因病去世，没有留下子嗣，而顾太清享誉文坛，子孙们个个出色，王府的继承权理所当然地落到他们手中。

满城风雨中，当初被驱逐的母子，又高调地住回王府。这次，她笑到了最后，以七十九岁的高龄善终。

微疗愈

人人都说顾太清好运气，但运气其实是一种水到渠成的努力。

一番磨炼一重关，生活就是起起落落，落落起起，有山重水复，也有柳暗花明。没有谁可以生来就是赢家，活得漂亮、过得称心，要想如意，必得使力。

得意时，不忘进取；低谷时，保持斗志；失败时，屡仆屡起；成功时，更上一层。

世上所有的路都是走出来的，每一步，都注定了结果。

第五章

卓文君：愿得一心人，白首不相离

——爱情不是一种际遇，而是一种选择

感情里没有对的人，只有对的自己

卓文君是个漂亮的女人。

《西京杂记》里浓墨重彩地挑了一个词来强调：文君姣好。她“眉色如望远山，脸际常若芙蓉”，美而不俗，美而不艳，曾经让多少文人墨客念念不忘地称颂。

卓文君是个有钱的女人。

卓家是蜀中有名的巨商，她的父亲卓王孙以冶铁致富，在临邛当地十分显赫，家中奴仆就有八百多人。卓文君是备受宠爱的小女儿，由父亲做主，嫁了一户好人家，陪嫁丰厚。婚后没多久，卓文君的夫君因病去世，她带着陪嫁搬回了娘家。

卓文君还是一个聪明的女人。

诚然，她被喻为古代四大才女之一。她能诗能文，还弹得一手好琴，但她的聪明远不止于此。她有眼光，给自己挑了个好丈夫；她有魄力，富贵和名声说扔就扔；她有输得起的觉悟，敢一厢情愿，也敢愿赌服输。

钱锺书说得好，女人有属于自己的聪明，这种聪明不是才学。夸一个女人有才学，就好像在说一朵鲜花有白菜或番薯的重量。

卓文君最大的聪明，在于她知道自己想要些什么，又能要些什么。

一个单身的寡妇，有貌、有才、有钱，她只缺一个男人。但不是什么男人都可以的，她又不图对方什么，貌美如花和挣钱养家，她都能自己来，这个男人只需要给她爱情，或者给她爱情的感觉就好。

很多人忘了，她也才十七八岁，正当好年纪，等着有人爱。

能够入她的眼、动她的心，同时，他的身份又能配得上她，司马相如无疑就是一个好人选。这位大才子名声在外，但名声毕竟不能当饭吃，说白了，他就是个落魄文人。但因为他是才子，他很符合卓文君的品位，两个文艺青年凑在一起，不愁没有共同话题，总比那些商贾公子强；又因为他落魄，她完全不用担心对方嫌弃自己，送上门的财富和人脉，谁会不要?

卓文君想得通的道理，司马相如自然也想得通。

彼时，司马相如刚到临邛，这并不是什么惬意的游山玩水，而是因为他在别处混得不如意。他与临邛县令是朋友，临邛县令与卓王孙又是朋友，于是，他顺理成章地当了卓王孙的座上宾。

在一场晚宴上，司马相如受邀弹琴，卓文君悄悄地躲在帷幕后面。

她是慕名而来的，想看看这位传说中的才子，这一看，让她锁定了自己的择偶目标：他风度翩翩，琴弹得好，又有才华，实在太容易招惹女儿家的芳心。他虽然穷，但他好歹还算潜力股，有发迹的可能，即使不发迹也没关系，这对她来说完全不是问题。

来卓家之前，司马相如就知道，卓家有个守寡的女儿。或许他之前没有动过别的心思，但此时此刻，她躲在暗处的窥探，就是一种暧昧的试探，也是一种乘胜追击的机遇，他必须抓住。

所以，他明明看到了她，却假装没有看到，别有深意地弹了一曲《凤求凰》。

他作“凤”，她为“凰”，他在委婉地撩拨她。

人人都知道司马相如是弹琴的高手，却不知道，他也是撩拨春心的高手。堂上，那些觥筹交错的宾客，满口叫好，他们又何尝真的知道这琴音好在哪儿？只有她知道。

这多么满足一个女人的虚荣心哪！连讨好里都带着恭维：我知道你不是俗人，你也应当知道我的情意，别人都不会懂，亦不配懂。

卓文君听懂了他的暗示，并且接受了。这天晚上，司马相如花重金贿赂她的侍女，给她带话，邀她私奔，她毫不犹豫地答应了。

这段故事留下多少浪漫和惊艳，又引来多少人垂涎。那些人垂涎的是爱情吗？当然不，美人那么多，但是像卓文君这样有钱有才有势的美人，得了手，占了好处，还能落个才子佳人的佳话，谁不想要呢？他们垂涎这种好运气。

爱情自古都是经不起锱铢必较的，司马相如爱卓文君吗？只有他自己知道。真爱一个人，大概不会诱她私奔吧？聘则为妻奔为妾，即便是礼教不那么严苛的汉朝，私奔也是离经叛道的，不能正正经经地给名分，谈什么情分？

他不过是豪赌，如果赢了，有卓家的财富和人脉为他铺路；如果输了，好歹有个知情识趣的老婆。

司马相如的心思，卓文君怎么会看不明白？但比起这点芥蒂，她更在乎这个男人。她宁愿冒着贫穷和背弃的风险，跟随他，爱慕他；她不怕输，她不愿意浑浑噩噩地再嫁一次，却仍然活得不快乐。

看起来，这是个郎情妾意的爱情故事，事实上，这是一个女人对男人和婚姻的自主选择。卓文君比司马相如有底气多了，没了他，她还有许多的落魄才子可以挑选，哪怕比不上司马相如的才华，但给她红袖添香的爱便足够了。反而是司马相如，没了卓文君，他要多落魄几年，他要少很多风月传奇。

所以你看，哪有那么多天时地利的爱情？更多时候，爱情是一个修炼到底气十足的女人，敞开胸怀地迎接另一半。他优秀，她也不至于自卑自贱；他落魄，她也不至于诚惶诚恐。

爱或不爱，原来是自己说了算

果然，连夜私奔的消息传开以后，卓家立刻成为茶余饭后的笑话。

卓王孙勃然大怒，他既恼女儿不自重，也恼她眼光浅薄，空有名声的司马相如根本入不了他的眼。为了脸面，他索性对外宣称，和卓文君断绝父女关系。

此时的卓文君，已经跟随司马相如到了成都。在他的故乡，他依然什么都没有，家徒四壁，一贫如洗，他们并没有待多久，很快又返回临邛。

这是必然的。司马相如不是为了温香软玉，才冒着风险诱拐富家小姐；卓文君也不是为了柴米油盐，才不管不顾追随书生郎。所以，尽管卓王孙放话了，但他依然是这对小夫妻疲惫生活里的希望。

父亲的怒气、现实的为难、理想的破灭、无奈的求助……卓文君肯定是有过片刻失望的。贫贱夫妻百事哀，两个人要是饿着肚子，当初的《凤求凰》再怎么缠绵悱恻，也是镜花水月。

如果换作别的女人，或许就心生失望了，闹成一对怨偶或者一段遇人不淑的悲剧。但卓文君没有，她可以失望，她的爱情不能死亡，她那个红袖添香的梦还得继续。

她主动说服司马相如，两人开了一家小酒馆，她当垆卖酒，他招待客人。

酒馆就开在离卓家不远的地方。

蜀中首富的女儿在街边卖酒，在哪儿不能开店做生意，偏偏要跑到家门口来？这明明就是一种无声无息的逼迫，也是一个女儿的耍赖和撒娇。

很快，就有人到卓家为他们说情。怎么能真的让女儿抛头露面当厨娘？他首富的脸往哪儿搁？况且那时候文人的名声矜贵，开酒馆已经是斯文扫地，总不能真的看着女婿沦落，让人白白看笑话。

卓王孙只得拿出一大笔钱，给卓文君和司马相如在成都置办宅子、家产，送上一百个家奴，又给女儿补上了一份丰厚的嫁妆，足够小夫妻俩衣食无忧。

不得不说，卓文君真的很聪明。男人是她选的，日子不是她想过的，怎么办？只能向父亲求助，可是，如果姿态低了，自己和丈夫面上都不好看，他们可是打着爱情的名义私奔的，有情不能饮水饱？如果姿态高了，卓王孙没有台阶可下，说不定就撒手不管了，他们只能继续吃苦。

当垆卖酒，就是隔着遮羞布的求和，不仅是对父亲，也是对他们彼此。

有了卓家的钱，他们终于过上了各自想要的生活。一个如鱼得水，借着钱财铺路，步步青云，满腹才华得以施展；一个求仁得仁，有了琴棋书画的诗意，也有了耳鬓厮磨的缠绵。谁能说他们不是一对佳偶呢？

他们完全可以自欺欺人地过幸福的日子。谁说他无能，落魄到诱拐千金小姐？那只是时机不对，他如今不就发迹了？谁说她骄奢，吃不了苦舍不了富贵？那只是父亲怜惜女儿，她可是为爱抛家弃父，又为爱当垆卖酒。

哪里有什么千古不朽的爱情，可遇不可求？爱情都要靠这样一点点地经营，要靠彼此成全，彼此谅解。有人说，爱情是眼里容不下沙子。什么是沙子？不同的人，不同的选择，就有不同的定义和结果。

司马相如擅长辞赋，凭借着《子虚赋》《上林赋》，一跃成为汉武帝的宠臣，被赐封郎官后，名声大噪。

消息传回临邛时，随行的还有司马相如的一封信：“一二三四五六七八九十百千万。”独独少了“亿”。

“亿”通“忆”，他对她已经无“忆”可言，却对一个茂陵女子情根深种，想纳为小妾。

卓文君当然懂。他从前就是风流郎君，不然也不会和她闹出私奔的韵事，现在他有权有势了，自然有更多机会猎艳。

但她不想答应，她回了一封信，就是那首赫赫有名的《白头吟》：

皑如山上雪，皎若云间月。
闻君有两意，故来相决绝。
今日斗酒会，明旦沟水头。
躞蹀御沟上，沟水东西流。
凄凄复凄凄，嫁娶不须啼。
愿得一心人，白头不相离。
竹竿何袅袅，鱼尾何簁簁！
男儿重意气，何用钱刀为！

她说得很决绝，因为她的底气一直在，但她又没有把话说死，因为她还愿意给他回旋的余地。她随信另附了一首《怨郎诗》，“噫，郎呀郎，巴不得下一世，你为女来我做男”。有怨他负心的幽恨，有翘首相盼的思念，有恨铁不成钢的娇嗔……说来说去，她其实把选择权巧妙地又推了回去。

我是爱你的，可以情深意切地苦等；但我也是骄傲的，可以一刀两断地离开。

有底线的示弱，永远是每个女人应该学会的技巧。

收到信的司马相如羞惭不已。不管是被她的决绝震慑还是不愿担上骂名，他立刻打消了纳妾的念头，派人将卓文君从老家接到身边。

如果是你，你是否会原谅这个人？他曾经是你的心上人，是你对爱情的向往，是你万中选一的笃定，可是他辜负了你。你还愿意和他白首不相离吗?

卓文君愿意。明知道他爱上了别人，明知道他背叛了婚姻，她仍然选择了原谅，她当作什么都没有发生过，回到他身边，白头到老。

年轻的时候，每个女孩或许都更喜欢爱得潇洒利落和黑白分明，你若有情我便留，你若无心我便休，所以我们曾经羡慕卓文君和司马相如的爱，为一人私奔，守一人终老。随着年岁见长，心中反而芥蒂越多。原来他们的相遇并不纯粹，他们的结局也带着将就。

但这也是爱情，这才是爱情，最普通的、最常见的、最真实的。不能天成，都靠打磨。

微疗愈

不是每个女人都可以当“卓文君”。

哪怕有遇上司马相如的机会，哪怕有当垆卖酒的勇气，也未必能成就一段白首不相离的佳话。因为你的爱情并不完美……有时候，是你选择的坚持和包容，才打磨出好婚姻。

第六章

谢道韫：不意天壤之中，乃有王郎

——别让坏婚姻，拖垮好女人

嫁得好，不如活得好

提起谢道韫的名字，你可能想到“谢家最小偏怜女”，想到“多情王谢女”，想到“萧斋谢女吟《秋赋》”。但你很可能会忽略，她还有一个显赫的身份：王羲之的儿媳妇、王凝之的老婆。

但她名留青史，不是因为谢家，也不是因为王家，只是因为她自己。她明明可以靠家世，却偏偏要拼实力，要知道，在门第制度森严的时代，家世真的可以当饭吃。

谢道韫生得好。

魏晋时，战乱频发，皇权没落，士族当权，乌衣巷里走出了一个又一个惊艳绝伦的人物。这乌衣巷，是王家和谢家的乌衣巷，是贵胄天成的风流。

谢道韫生在谢家，这注定她是幸运的。她的叔叔谢安是当朝宰相，父亲谢奕是安西将军，弟弟谢玄是车骑将军。在那个动荡不安的社会，她依然可以享受锦衣玉食，依然有机会接受教育，依然有志向追求自我。因为谢家有这样的底气和显赫，一门几代，人才辈出，从谢安、谢石，到谢玄、谢灵运，进则安邦定国，立下不世的功业；退则隐居山林，留下不朽的诗赋。

如果说出身是一个人的起点，谢道韫就生在“罗马”。投胎是门技术活，难免会招惹人们埋怨命运的不公平。其实，人生是一场没有目的的远足，起点不同，终点不同，生在罗马的人，也有需要奔赴的前路。如果你想要和前面的人竞赛，如果你的起点靠后，那你就需要拿出更多拼劲儿，比如学得更好，跑得更快。

谢道韫学得也好。

谢家的子弟那么多，为什么谢安独独最喜欢这个侄女呢？

有一年冬天，屋外飘着雪，屋里，谢安和子侄们烤火、闲聊。说说笑笑间，他突然兴致勃勃地问道：“你们看那白雪飘飘，像什么？”谢朗立刻回答：“撒盐空中差可拟。”一旁的谢道韫听完哥哥的话，摇头说：“未若柳絮因风起。”

一个只得其形，未得其韵；一个既得其貌，又得其神。谢安拍掌大笑，连连称赞谢道韫。她这时候只有七八岁，在文学上已经胜过许多年长者，自此，人人都知道谢家有个姑娘，才情出众。但她从不以此自得，一个闺阁娇客，书越读越多，胸怀越来越开阔。

她曾经和弟弟谢玄一起读书，谢玄毫无起色，她认真地批评道：“汝何以都不复进？为是尘务经心，天分有限？”她是有天分，又格外用心，家中的兄弟姐妹都无法企及。

有一次，谢家子弟在一起谈论《诗经》。谢安问侄女：“你觉得《诗经》里哪一句最好？”谢道韫说：“吉甫作颂，穆如清风。仲山甫永怀，以慰其心。”

她还是个年少春衫薄的小姑娘，眼里心里，看到的不是蒹葭苍苍，不是窈窕淑女，而是家国天下。这份雅致深远的格局，怎能不让人拍手称赞?

谢家的子弟那么多，为什么谢道韫格外出彩呢?

因为天赋加上勤奋，终能一鸣惊人。

或许有人要说，生得好、学得好有什么用? 都不如嫁得好，因为婚姻才是一个女人最后的归宿，决定她能否幸福的不是家世和才学，而是一个优质男人。真的是这样吗?

谢道韫嫁得也好。

如果东晋只能留下两个名字，除了谢安之外，便只能是王羲之了。旧时王谢，在所有的名门世家中，唯有王家足以和谢家匹配，再没有其他家族能够和他们比肩。

作为谢家最出色的姑娘，谢道韫的夫婿是谢安亲自挑选的，挑来挑去，挑中了王凝之。王凝之是大书法家王羲之的第二个儿子，写得一手好书法，做过江州刺史、左将军，公子之贵，莫过于此。

可是，谢道韫并不幸福。

她生在最有名的世家，有个最有名的叔叔，还嫁了个最有名的婆家，但她没有享受到顺心如意的生活。

有一次，谢道韫回娘家，谢安问她："凝之是王羲之的儿子，才貌也不错，你为什么不喜欢呢？"她毫不客气地回答："不意天壤之中，乃有王郎！"

我没想到，天底下还有王凝之这样的人。

王凝之真的很差吗? 当然不，但他和谢道韫是完全不同的人。她爱好辩论，他为人老实；她志趣远大，他性情平庸；她胸怀慷慨，他木讷迂腐；她喜欢辞赋，常常舞文弄墨，而他却痴迷于五斗米教，一心问道，不理俗务。

一个光芒四射的女人，被拖入一段泥潭似的婚姻，能怎么办呢？如虎落平阳，如凰鸟折翼，如池鱼离水。很多女人或许就这么继续挨着、忍着、痛着，因为她们各有情由，因为婚姻的开始和结束都牵系太多。

谢道韫也没有和离，是她压根儿没有想过，还是她想过了，但无能为力？王家和谢家世代联姻，不管利益上还是情感上，都盘根错节，不可能为了两个小辈的婚姻而伤了和气。况且她也有了儿女，或许是为了儿女们着想。

但是，你以为谢道韫就此不声不响，被糟糕的婚姻折磨着，灰头土脸，垂头丧气？不，她过得比谁都好。

任凭人来人往，做自己的主角

生得好、学得好、嫁得好的女人很多，但活得好的女人并不多。

当时，张家有个貌美聪慧的姑娘叫张彤云，小有才华，嫁入顾家当媳妇，也很受称赞。她的哥哥和谢道韫的弟弟是好友，聚在一起时，都爱夸赞自家的姐妹，为此吵得不可开交。于是，大家找来济尼做评判，因为济尼常常出入王家和顾家，分别见过这两位已婚的夫人。

济尼并没有做评断，只是说了一句：“王夫人神情散朗，有林下风气。顾家妇清心玉映，是闺房之秀。”

一个是不输男儿的气度，一个是艳压闺阁的风姿，谁高谁低，一目了然。

谢道韫胜得毫无悬念，这哪里像是一个被婚姻拖垮的女人？她的婚姻确实糟糕，但她没有被拖垮，依然活出了自我。

她没有因为丈夫的不喜欢，就放弃自己的爱好。

魏晋时，文人最喜欢清谈，类似于现在的哲学辩论。谢道韫尤其擅长。有一天，她在屋内听小叔子王献之在与人清谈，谈到激烈处，王献之被人说得哑口无言，她立刻让仆人递了一张纸条，“欲为小郎解围”。

要知道，那时的礼教并不宽松，嫂嫂和小叔子之间是要避嫌的，已婚妇人也不能随便抛头露面。但谢道韫不在乎，完全是一派名士洒脱的作风，她让仆人设下一道帷帘，坐在帘子后，接着王献之的观点侃侃而谈，引经据典，在场的名士没有一个人能够接得上话，个个都心悦诚服。

她没有因为丈夫的影响，就改变自己的心气。

公元399年，浙江爆发农民起义，以孙恩为首的军队很快攻破了上虞、山阴，直逼会稽。眼看危机四伏，城内人心惶惶，作为会稽内史的王凝之，没有忙着领军作战，而是在院子里设案祈祷，盼着神仙下凡帮他赶走叛军。

谢道韫屡次劝说，甚至出言顶撞，但王凝之总是不以为然，信誓旦旦地等着天兵相救。直到起义军攻打到会稽城外，城内百姓退无可退，王凝之这才带着人马突围，可惜刚出城门就稀里糊涂地被砍了脑袋。

谢道韫和丈夫截然不同。她在满城混乱中挺身而出，镇定自若地组织人众反抗，甚至手握大刀，亲自与敌人殊死拼搏。为了保护家中弱小，她用舞文弄墨的手，砍死了几名彪形大汉。她亲眼看见儿女遇难，又沦为叛军的俘虏，当孙恩要诛杀她刚满三岁的外孙，她仍然血气方刚地抗议："事在王门，何关他族？"

你要杀就杀我，何必为难一个外姓的小孩子呢？

谢道韫本来就才名在外，这番凛然的风骨，更让人钦佩。孙恩不仅没有杀她的外孙，还派人将他们一老一小送往乡下，安度晚年。

她没有因为丈夫的离开，就改变自己的生活。

谢道韫的晚年，是在隐居中度过的。叛乱被平息以后，她回到会稽，没有再嫁，一个人闭户不出，终日与诗书为伴。她的名声却越传越响亮，登门拜访的学子很多，她就一一为他们传道授业解惑。

连新任的会稽郡守也特意上门求教。没有人知道他们说了些什么，事后，这个太守感慨："内史夫人风致高远，词理无滞，诚挚感人，一席谈论，受惠无穷。"

她没了丈夫，没了孩子，没了身份，但谁也不敢小瞧了她。谁又会小瞧她呢？她似莲，不污不染；她似菊，神清气朗；她似梅，无惧风霜；她似竹，有骨有节。她是乱世中的芝兰玉树；她是魏晋风流中的一抹亮色。

这些，都是她自己挣来的名声，都是她没有被婚姻打败的结果。

微疗愈

总有人在想：我过得不好，是遇人不淑，是婆婆太刁钻，是婚姻不幸福……是的，一段糟糕的婚姻足够扼杀一个好女人，它会像泥潭，拖着你一寸寸向下，越陷越深。但是，你过得不好，更大程度上是因为你自己。你可以干脆地抽身而退，如果不能，你也可以及时止损，别丢掉你对生活的期望，别扼杀你对爱情的憧憬，别动摇你对自我的认知，别减少对自己的爱护。

婚姻可以名存实亡，你不能行尸走肉。

第七章

卫子夫：十五入汉宫，花颜笑春红

——找男人要爱情，找自己要安全感

别高估爱情，别低估自己

她是大汉朝最耀眼的传奇，是所有女人的榜样，是帝王的掌上宠，是万人之上的皇后。她也是一个身不由己的悲剧，是被牵着线的木偶，是风中的柳絮，是没有善终的红颜。

她是卫子夫。

于私，她在最好的年纪，遇上最优秀的男人，轰轰烈烈地爱了一场；于公，她从卑微的女奴成为尊贵的皇后，堪称最励志的女性升职记。卫家也因此显赫发达，她真正做到了一个女人撑起一个家族。

她爱过，恨过，却始终没有明白过；她风光过，她落魄过，却从来没有心安过。

她一生都在寻找安全感，从别人身上寻找，饮鸩止渴，独独忘了自力更生。

卫子夫生下来就是一个奴仆，因为她是个父亲身份不详的私生女，母亲卫媪是平阳公主府上的家奴。除了当奴仆，那时的她没有别的路可以选择，也没有资格去选择。

但是当奴仆并不是一个轻松的活，主人随时都可以打她、骂她。如果不高兴，甚至可以卖了她，卖到哪儿，自然是主人说了算。

在漫长的奴仆生涯中，卫子夫渐渐长成一个美丽的少女，她只学会了一件事：顺从。因为只要乖乖听话，主人满意了，她就有安稳日子过，不用时时提心吊胆。

她的主人平阳公主不是一个普通女人，身为汉武帝的胞姐，她有属于自己的野心。她比谁都清楚自己的弟弟是怎么登上皇位的——很大程度上得益于姑姑馆陶公主，而姑姑之所以能左右朝政，是因为她不断地给父亲和权臣进贡美人。

她希望自己能够成为第二个馆陶公主。所以，她不断地在公主府培养美人，抓住各种机会送给汉武帝，卫子夫只是众多美人中的一个。

卫子夫到底愿不愿意呢？这似乎不重要了，也似乎没有人会关心，她自己应该也没有想过这个问题。在她眼里，平阳公主就是能给她一世安稳的主宰，她听从平阳公主的指令，当了歌姬，学了技艺，等着有机会取悦汉武帝。

这一天终于来了。在一次公主府的宴会上，平阳公主精心挑选了十多个美人献舞，汉武帝却一个也没有看上，独独在献唱的歌女中看中了卫子夫。

她温柔婉约，一头乌黑顺泽的秀发，漂亮得如同绸缎，虽然没有倾城倾国的美貌，却自有一份楚楚可人的风姿。汉武帝离开公主府时，便将她一起带进了宫。

临走前，平阳公主特意叮嘱她："进宫之后好好保重，如果发达了，别忘了是我举荐你的。"

可是宫里的日子同样不好过，美人那么多，个个如花似玉，她混迹其中，其实没有那么出色。在这种境况下，她想做什么、能做什么并不重要，重要的是她知道自己该做什么，她该讨好那个男人，该得到恩宠，否则出了宫、回了公主府，她过得只会更不如从前。

有句话说，女人可以过得很轻松，年轻时靠父母，要是父母靠不住，还有丈夫，如果实在不幸，连丈夫也靠不住，那还有孩子。

话是漂亮话，但理是真道理吗?

卫子夫没有父母可倚靠，于是把对生活的所有爱恨都托付给丈夫了。不，汉武帝甚至不是她一个人的丈夫，他有那么多女人，所以她更加诚惶诚恐。

名望和权势，钱财和美人，他应有尽有，唯一的缺憾就是没有子嗣，后宫的妃嫔都没有生下一儿半女。

她就拼了命地想帮他生孩子，有了孩子，她在他眼里才有分量。所以，当汉武帝要把宫里闲置的美人放出宫时，她跪在他面前辞别，哭得梨花带雨："昨天晚上，我梦到了一棵梓树落到我怀里，这难道不是预兆吗？我会给您生个孩子的。"

汉武帝原本对她已经没什么印象了，但她用这次见面的机会，争来了一次宠幸。这一次，她成功地怀了孕，生下了汉武帝的第一个孩子，卫长公主。

但这远远不够，她依然地位卑微，危机四伏。再加上陈皇后生性好妒，怎么能容忍她这个生下孩子的女人？哪怕汉武帝为了保护她，特意把她带到自己的宫殿里保护，陈皇后还是处处针对，甚至直接捉拿了她的弟弟卫青，要杖毙他。

卫青那时候已经在建章宫当差，照样还是被抓了，命同草芥。幸好得同僚相救，汉武帝闻此，立刻给他们姐弟俩都加封了，一个当了建章监，一个当了夫人。

卫子夫更加确信了，她的命脉在她的男人身上，于是，她又给他生了一个儿子。汉武帝果然大喜过望，很快就册封这个小皇子为太子，册封卫子夫为皇后。

她似乎可以安心了，她已经是人上之人，没有谁再能欺负她。连史书都特意强调她的风光无两：“尊宠日隆”“大幸”“有宠”。

但她不敢掉以轻心，这些能给她安全感的名分、宠爱、权力，都是他给的。他能给，就能收回去，情爱是瞬息万变的，情爱带来的便利和好处自然也是。偏偏有的女人容易盲目，就像那新开的花，贪图一点甜，把满园春色都给了狂蜂浪蝶，殊不知它们可以说走就走。

把自己活成一道光，才真正不惧黑暗

卫子夫是历史上有名的贤后，她的“贤”，无非就是尽自己所能取悦汉武帝，换取一点微薄的安全感。是的，她并没有安全感，哪怕她已经是大汉朝最尊贵的女人，因为上一个享受到这种尊贵的女人是出身显赫的陈皇后阿娇，而她最后落魄地死在了冷宫。

卫子夫活得有多惶恐呢?

她的儿子刘据是太子，性情宽厚，与汉武帝喜好酷吏不同，他常常平反冤狱，在百姓中颇有口碑。卫子夫就因此心生不安，害怕儿子这样做会得罪汉武帝，于是总劝诫他："作为太子，你要经常揣摩父亲的心思，理解父亲的意图，按照父亲的要求去做，而不能擅自做主，做一些与父亲的想法不一致的事。"

她的弟弟卫青和外甥霍去病都是战功显赫的武将，平匈奴、收河套、败单于、开北疆、封狼居胥，卫氏一门，荣封五侯。但卫青的儿子们都不成器，卫子夫担心他们惹祸，主动提出削夺卫氏子弟的封赏。不仅如此，当卫青的幼子触犯法律后，汉武帝将他按罪问斩，还剥夺了卫青所有儿子的爵位，卫子夫虽然非常伤心，却也非常恭敬地谢恩。

她把取悦当成了一种生活姿态。殊不知，当她牺牲自我，去向别人讨要一份肯定与喜爱的时候，哪怕最后能得到什么，伸手的那一刻，已经失去更多。

为什么会有很多女孩子不敢表达真实的情绪，小心翼翼地讨好对方？为什么会有很多女孩子捕风捉影地吵闹，害怕失去自己的爱情？为什么有很多女孩子一步又一步地退让，退到没有底线？因为她们活得没有安全感，害怕与幸福失之交臂。

于是，她们都成了卫子夫，幻想着可以倚靠弟弟、侄子、儿子或是丈夫，用他们的肩膀，撑起一个女人现世安稳的梦，不被惊，不被扰。

可惜卫子夫从来就没有过安稳生活，人人都在传唱"生男无喜，生女无忧，独不见卫子夫霸天下"，只有她自己知道自己的苦。哪怕在她一生最巅峰的时期，当了皇后，生了太子，弟弟娶了平阳公主，侄子封了冠军侯，她也未曾安心过片刻，时时担忧着汉武帝会厌弃与疏远她。当汉武帝让卫青传话给她："我听说你和太子都担心被废，怎么会有这种事呢？"她的第一反应不是欣喜，而是立刻脱簪请罪，为自己揣测圣意而不安。

这不是女人的过分敏感，而是一个无路可走的死循环。

因为没有安全感，所以把全副身心都交给某个男人；因为要从那个男人身上获得安全感，所以掏心掏肺地去付出和验证；因为一次次的付出和验证，所以更加患得患失。

这环环相扣的错，是错在一开始就不该想着去找男人要安全感。

卫子夫就错得很彻底。

她用几十年的温柔贤淑，换来汉武帝恩赐的安稳，当他要拿回去的时候，她就什么都没了。她还能怎么办？用美色取悦？宫里的李夫人和钩弋夫人都比她年轻貌美；用弟弟和外甥立功？偏偏霍去病早逝，卫青也走在她前面；用太子争宠？汉武帝有好几个儿子，铁血的他与温厚的太子日渐疏远，又有小人从中挑拨，父子关系淡薄。

前车之鉴犹在，伤心断肠事重演，卫子夫甚至还不如陈皇后，至少陈皇后能老死宫中，而她因为一场"巫蛊之祸"，含恨而终。

江充因为与太子刘据不和，诬陷太子在宫中利用巫蛊诅咒汉武帝，偏偏汉武帝晚年信服鬼神，才刚刚判处了一桩巫蛊案，两位公主和数位侯爵都被问斩。被逼无路的刘据斩杀了江充，带兵叛逃，汉武帝勃然大怒，一面让人收回卫子夫的皇后玺绶，一面派兵追杀刘据。

自知毫无生路的刘据选择了自缢。听闻消息，卫子夫大哭一场，在甘泉宫悬梁自尽。

这是个悲情的结尾，或许，未尝不是一个凄凉的清醒。

她这一生荣华和安稳，都系在一个男人身上，最后落得如此凄凉的下场，其实她明明可以更恣意。要宠爱？那就妒一点、骄一点，既然三千宠爱在一身，那就不容莺莺燕燕，除异己，平仇敌，何苦为了让他高兴，一味地贤惠大度？要权势，那就狠一点、拼一点，该跋扈就跋扈，想揽权就揽权，有卫青和霍去病这样强大的外戚，何苦为了让他舒坦，一味地谦卑顺从？

毕竟，男人给你的，永远不如你自己争取的。

微疗愈

什么是安全感？

对生活不紧不慢的从容，对爱情不急不躁的笃定，对自己不卑不亢地欣赏，对未来不慌不忙地把控……

永远别试图找男人讨要安全感，因为那本就是一件不安全的事。

第八章

苏小小：无物结同心，烟花不堪剪

——从心而生，从愿而活

你需要讨好的不是别人，而是自己

怎么会有那么多人喜欢苏小小呢?

“苏小门前花满枝，苏公堤上女当垆”是一份思慕；“若解多情寻小小，绿杨深处是苏家”是一份追忆；“苏家小女旧知名，杨柳风前别有情”是一份怜惜；“小溪澄，小桥横，小小坟前松柏声”是一份悼念……

因为她美，她自由，她率性而为；因为她活成了自己想要的模样；因为她是文人笔下一点缠绵的情思，是西泠桥畔一抹旖旎的香魂，是风尘里一颗干净的女儿心。

相传，苏小小是南齐人，苏家也曾是官宦人家，但从祖父开始就沦为商贾。好在家风没有丢，苏小小幼时就学着识文断字。她本就聪明伶俐，再加上家道殷实，日子过得无忧无虑。

可惜好景不长，苏小小的父母相继去世，她只能跟着乳母寄住到姨妈家里。

姨妈是管不住她的，她就像西湖边上的一株春草，迎风而长，粲然生花。

苏小小最喜欢游西湖，不是徒步观景，而是坐车。那时候，车是有严格登记制度的，马车、牛车、驴车，不一而足；三门、两门、五门，各有讲究；什么样的人坐什么样的车，丝毫不能逾矩。

苏小小只是个平民小户的女儿，她哪有资格坐车呢？于是，她自己回家设计了一辆不能称之为车的车。它并不宽敞，车身很小，刚好只容得下一个人。它也不用牛马驴骡来拉，而是用一只高大的山羊。

这就是名留千古的油壁车，因为坐着苏小小这个独一无二的美人，后人又称呼它为“油壁香车”。

香而艳，香而甜，香而暖，一个美丽的少女，坐着不合时宜的车，整日绕着西湖游玩，尽情高歌，简直是惊世骇俗。她的名字很快就传遍了整个苏杭，不论是有钱的富家公子、有权的高官子弟，还是有貌的书生才子、有闲的纨绔儿郎，纷纷慕名来结交。

她也不是什么人都见，她只喜欢有才的、有趣的，饮茶赏花，对弈垂钓，日子过得舒心而惬意。外面总是有些风言风语，苏小小完全不放在心上，她并不打算做一个守着名声过日子的淑女。她如同开得鲜嫩娇艳的花，半点也不肯浪费自己的美丽，要纵情地绽放和享受。

人生那么长，快乐那么短暂，何必还要委屈自己？

姨妈趁机劝她嫁人，在那些王公贵族的少年郎君里挑一个，当个小妾也行，不愁没有好日子过。

是啊，她一个孤女还能怎么办？一年年地长大，不可能永远依附亲眷生活，况且父母留下的资产也有用完的时候，嫁人，似乎是无法逃避的事。但是，以苏小小的身份，她嫁不了什么好人家，又是商户，又是孤女，哪怕手头有点钱财，也入不了高门大户的眼。如果嫁个贫寒本分的小户或者商家，她也未必愿意，这样的人家，怎么会通诗书、懂风雅呢？她这些年可是只学了琴棋书画，没学会柴米油盐。

那就只能给贵族子弟当个如花解语的小妾了，好吃好住养着，风花雪月供着，就像笼子里的金丝雀。但是苏小小不愿意，她觉得，侯府哪有青楼干净？她宁可做个卖笑的清倌，也不愿意被拘在后院，钩心斗角地争宠。

她有个阁楼，是父亲在世时建造的观景台，名为镜阁，背靠青山，面对西湖。推开阁楼的窗子，来来往往是分花拂柳、玉人吹箫。苏小小就搬进这栋楼，把镜阁的牌匾撤了，换上“慕才阁”的匾，大张旗鼓地招揽客人。

没有品行的不见，没有才华的不见，没有文化的不见，苏小小的规矩格外不同，但每天慕名而来的客人仍然络绎不绝。即使花费重金，这些人之中，能见到苏小小的也不多，能登上慕才阁的更是少之又少。

其实苏小小不卖身，花钱也无用，但她容貌美丽，又才情出众，哪怕只是对饮赋诗或坐车同游，也有人愿为她一掷千金。

当时的上江观察使孟浪，因为公事来到钱塘，听闻苏小小的名声后，想见见她。但他身为官员不方便前往慕才阁，于是遣人去召苏小小上门。苏小小不以为然，一次不应，两次不应，直到对方请了数次，她才不情不愿地去了。

孟浪多少有些不快，有心要为难她，指着园子里的一株红梅，让她作诗。苏小小从容不迫，信口吟道：“梅花虽傲骨，怎敢敌春寒？

若更分红白，还须青眼看！”

都说梅花傲骨，它哪里抵得过春寒料峭？如果要领略红梅白梅之美，那需要懂得的人，才能欣赏。

梅花如自身，她吟咏的是花，又何尝不是她自己？口口声声，说什么“怎敢”，其实她就是在迎风抵抗寒冷，不退不让；说什么“还须青眼看”，不过就是讽刺他的无趣，不懂梅，也不懂人。

这样的苏小小，或许是很多女孩理想的状态：坦荡而自由，无拘而无束，做自己想做的事，见自己想见的人，过自己想过的样子，不用取悦别人，不用委屈自己。

好姑娘，你可以“坏”一点

一日，苏小小驾车在西湖边游玩，迎面撞上了一个人，青骢马，玉雕鞍，翩翩少年郎。哪个女儿家不喜欢多瞧上几眼？她并不知道，这个人是当朝宰相的儿子阮郁；她也不知道，这个人是她苏小小的劫难。

阮郁很快就带着厚礼上门，苏小小邀他上了慕才阁。

一个是佳公子，一个妙佳人，金风玉露一相逢，胜过人间无数。他们赏西湖、品茗茶、喝花酒、谈诗词，处处都融洽合意，大有相见恨晚的感觉。

当天晚上，阮郁就宿在慕才阁，鸳鸯被，合欢酒，鹣鲽情深。

若说苏小小贪慕权贵，那真是误会，从前也有许多权贵人家的子弟来献媚，她都不屑一顾，更别提同床共枕。她如果真的有心要攀附，也应该哄着骗着，拿女儿家的清白当那根胡萝卜，诱着驴子往前走，怎么会轻易地自荐枕席?

她只是情出自愿，行随心动。管别人怎么想，随别人怎么说，她喜欢这个男人，所以就和他在一起了，如此简单。

从此以后，苏小小闭门谢客，只陪伴阮郁一个人。

都说风尘之中，多性情之人，苏小小绝对算一个。她身为名妓，却不求财，不求利；她身在风尘，却相信真爱，追求真爱。

恩爱情浓的日子过了两年，这期间，阮郁的家里一直来信，斥责他眠花宿柳，放浪形骸。阮郁沉浸在温柔乡里，无暇理会父亲的谆谆教导，反而是苏小小，害怕他因此变心。他便指着一株青松发誓：我对你的情意，就像这株松树，纵百花凋零，也不改青幽。

可是，她担心的事终究还是成真了。

得不到阮郁的回复，老宰相又写来一封信，声称自己病重，催儿子赶紧回家。这下，阮郁不得不重视起来，匆匆忙忙地赶回了家。家里的父亲自然是没有生病，劈头盖脸地骂了他一顿，然后把他关在家里，给他娶了一房门当户对的妻子。

苏小小收到阮郁的信，已经是一年以后，他希望她能再等等，他会迎她进门，娶她当小妾。

她要当小妾，何必等到现在？她为的只是自己的心，可惜他辜负了。

苏小小没有再回信。从这天起，她重新开门迎客，只要有钱，便来者不拒。

又有人开始笑话她，笑她成了一个名副其实的妓女。

苏小小一点儿都不在乎，妓女又怎么样？她曾经想要爱，所以干干净净地挣钱，老老实实地守身，谁也管不着；现在她只想要钱，一个女人，如果没有爱了，要钱总是没错的，至少能安身立命，谁也劝不了。

她看起来比谁都任性，其实活得比谁都清醒，也比谁都惬意。

有一天，苏小小照旧坐着油壁车闲逛，在西湖边，她又遇到了一个书生。和风姿俊美的阮郁不同，这是个准备上京赶考的穷书生，身上却没有盘缠，正是山穷水尽的时候。苏小小同他交流一番，发现他颇有才华，于是慷慨地留他住宿，还给了他盘缠，资助他上京赶考。

此书生名唤鲍仁，他感激涕零，在次日离开时，指天发誓，一定不忘苏小小的恩情，等他金榜题名后，就回来接苏小小。

没有人真的相信，况且，痴情女子负心郎的故事已经上演了一次。流言蜚语自然是少不了，笑苏小小傻，笑苏小小痴心妄想，笑苏小小总是遇人不淑。

其实苏小小也不相信，但这有什么关系？她又不是为了鲍仁的回报，她只是欣赏这个落魄书生，她只是想帮一帮这个落魄书生。

她想这么做，就这么做了。

苏小小没有等到鲍仁，在二十出头的年纪，她突然一病不起，缠绵病榻，没多久就香消玉殒。临终时，她留下遗言：埋骨西泠。

生在西泠，死在西泠，葬在西泠，不负一生爱山水。

其实，她何止爱过山水。她热热闹闹地爱过男人，爱过自己，哪怕遭遇了伤心、痛苦、背弃，却不曾有过遗憾。

谁也没料到，在苏小小去世后不久，鲍仁竟然如约而至。他果然金榜题名，官服加身，在上任的途中特意绕路来钱塘，却不曾想到苏小小已经离开人世。

他抚棺大哭，为苏小小举办了一场隆重的葬礼，遵照她的遗愿，将她埋在西泠桥，墓上还建了一间六角亭，题名为“慕才亭”。

至少这一刻，他是懂她的。什么名妓，什么放荡，什么才女，她从来没有在乎过这些标签，她只在乎自己的心意。

微疗愈

苏小小并不是传统意义上的“好”女孩。她放浪，她任性，她不守规矩，她爱好钱财，但是她活得比谁都好；她自由，她快活，她不委屈自己，她不畏惧世俗的眼光。

所有人都教我们懂事，却没有一个人教女孩们“变坏”。其实我们都可以“坏”一点，不用看别人眼色，无拘无束；不用顾及面子，我行我素；不用瞻前顾后，率性而为。活得没心没肺一点，活得开心一点。

第九章

陈阿娇：昔日芙蓉花，今成断根草

——人生下半场，拼的是情商

用心去爱，用脑去想

天之骄女，这个词是为陈阿娇量身打造的。

她的祖父是开国功臣陈婴，父亲是堂邑侯陈午，母亲是馆陶长公主刘嫖，舅舅是汉景帝刘启。

她生在皇亲宗室，虽然不是公主，却比公主更显赫更尊宠。因为她的母亲刘嫖地位超凡，是窦太后唯一的亲生女儿，也是汉景帝唯一的同胞姐姐，这个女人聪明而有野心，通过不断地向弟弟进献美人，成功地拉拢了许多政治势力。

汉景帝对姐姐极其信任，刘嫖甚至能左右太子的废立。起初，太子是栗姬所出的刘荣，刘嫖盯上了太子妃的位置，找到栗姬，想把女儿阿娇嫁给刘荣，但栗姬不满刘嫖总是给皇上送美人，不愿意答应，两人因此结下梁子。

汉武帝刘彻当时还是个四五岁的小孩子，在众多皇子中并不是特别受宠。有一次，刘嫖指着宫里的奴婢问他："把这个宫女给你当媳妇，你要不要？"刘彻摇摇头，刘嫖又指着另一个奴婢问相同的问题，刘彻还是摇头，她一连指了好几个，刘彻都摇头拒绝。最后，她指着女儿阿娇说："把阿娇给你当媳妇，你要不要？"刘彻立刻说："如果能娶到阿娇当媳妇，我会造一座金屋给她居住。"

刘嫖大喜过望，开始扶持刘彻，不时在汉景帝面前抱怨栗姬母子。汉景帝于是故意试探栗姬，在一次生病时说："如果我死了，你要好好善待我的那些嫔妃和儿子。"栗姬生性善妒，不仅没有应承，反而醋性大发，对汉景帝出言不逊。汉景帝逐渐疏远栗姬，刘嫖一面构陷栗姬行巫术邀宠，一面故意让大臣上书，以母凭子贵为由，奏请封栗姬为后。景帝误以为是栗姬勾结朝臣，更加厌恶她，就废弃了刘荣的太子之位，改立刘彻为太子。

陈阿娇顺理成章地当了太子妃，后来，又顺理成章地当了皇后。

如果没有陈阿娇，或许就没有汉武帝，刘嫖可以为女儿挑选其他任何一个皇子，潜心培养，作为皇位的继承人，而刘彻却不一定还能找到这样强有力的后援。

陈阿娇深知这个道理，所以她从来没有在他面前低过头。他是很好，可她同样不差，长得漂亮，又是他的嫡亲表姐，又帮他登上皇位。天下再也没有第二个陈阿娇，能够给他权势，也给他感情。

她是真的爱他。想要娶她的人那么多，王孙贵族，世家公子，有强大的娘家帮衬着，她嫁给谁会不幸福呢？就算是为了皇后之位，也有那么多皇子可以选择，她到底还是挂念青梅竹马的情分，信了他"金屋藏娇"的誓言。

哪个女人不喜欢这样壮丽的情话？金屋藏娇，最打动人的，不是一座世上无双的金屋，而是你有把我和这座金屋等同的心意。既然只有价值连城的宝贝才配得上我，那我，也是你无法割舍的宝贝吧。

可惜，男人和女人对爱的定义和理解，在很多时候都是不同的。

刘彻喜不喜欢陈阿娇呢？那要看是什么时候的刘彻。

当刘彻还是胶东王的时候，他当然喜欢自己的表姐。他的身份注定了要娶个名门贵女，陈阿娇几乎是长安城最耀眼的那个，又美丽又张扬，哪怕性情有些骄纵，那也是少女的娇蛮可爱，绝不是缺点。他怎么会不喜欢呢？他甚至还有摘下一朵刺手玫瑰的征服欲，哪怕年轻气盛的两个人，在相处时生出吵吵闹闹，那也是打情骂俏。

这种少年夫妻的情怀，甚至在他刚成为皇帝时也是存在的。他登上帝位，至高至尊，又至孤至冷，唯一的陪伴就是枕边人。她之于他，既有结发之情，又有青梅竹马之谊，还有表姐弟之亲。

不过，随着时间的推移，他的喜欢也到此为止了。他逐渐成长为一个锋芒毕露的帝王，她却没有跟上脚步，成为一个合格的皇后。她没有子嗣，成婚多年，两人膝下都没有孩子，但皇帝是需要继承人的；她生性嫉妒，见不得他多看宫女一眼，更别提那些嫔妃；她嚣张跋扈，稍有不如意就吵闹，吵着吵着，就去找馆陶公主和窦太后告状。

他相信她依然是爱他的，但他已经不欣赏，或者说不需要这种爱了，所以他很难再拿出喜欢来回应。

谋爱，也要谋生

陈阿娇没有变，但刘彻变了。

就像人在少年时喜欢酒，因为寻求刺激；中年时喜欢咖啡，因为疲于奔命；老年时喜欢茶，因为平心静气。

一个人的喜欢是可以变的。

陈阿娇不明白这个道理，她只能一次次哭闹，为什么以前我们能好好的，现在却渐行渐远呢？怒气冲天的时候，她甚至直接指着汉武帝的鼻子斥责：如果不是我和我母亲，你能有今天？

是的，他从前沾了你的光、得了你的便利，但现在毕竟不是从前了。这种挟恩求报，只会让他越来越厌恶。

他如今志得意满，雄心万丈，想要的是一个温柔、顺从、轻松惬意的伴侣。她甚至不需要头脑聪明或出身显赫，因为他已经足够强大，他会以俯视的姿态怜惜她、呵护她。

这时候，卫子夫出现得恰到好处。

一个出身低微的女人，青春貌美，性情温柔。她什么都没有，但是她会温顺地听话，她会唱歌替他解乏，她会不吵不闹地等着他，更重要的是，她会为他生孩子。

这些都是汉武帝喜欢的，他把她留在宫殿里，同吃同住，就为了保护她。

这些都是陈阿娇没有的，或者说不屑于有的，她爱得直白而野蛮：我对你那么好，你也应该如此回报我。如果做不到，你就是负心薄情，你就是对不起我。

于是，她派人去抓了卫子夫的弟弟卫青，诬陷他是馆陶公主府的逃奴，要杖毙他。幸好卫青得朋友相救，经此一事，汉武帝特意给他去了奴籍，升了官。

这其实已经是一场无形的宣战，他彻底撕破了脸，再也不想面对那句“如果不是我母亲，你也当不了皇帝”。

如果陈阿娇这时候能够看明白，就此罢手，或许不至于晚景那么凄凉。哪怕情分已经磨得差不多了，她就安安分分守着皇后的位置，装聋作哑地过日子，皇帝未必容不下她。说不定熬上几年，想到金屋藏娇的旧事，他还能生出一些愧疚，而一个男人的愧疚足够让一个女人过得不差。

可是陈阿娇没有明白过来，她只有满腔的愤恨不平。

卫子夫先后生下一儿一女，被封为夫人，而陈阿娇耗费了几万钱，却依然没有生育。她寻死觅活地闹过很多次，刚开始还有窦太皇太后为这对小夫妻从中调解，窦太后去世后，汉武帝对她愈发疏远。她只能变本加厉地吵闹，换来的却是他与日俱增的厌恶。

他要的是女人的崇拜，她给的是女人的质问。他心生厌烦，避而少见，她咄咄逼人，伤及无辜。

这世上多的是当局者迷，永远有女人企图在爱情中以骄横无力去试探、去争取、去亲近。她们把男人表现出来的容忍和接受，当成爱的证明，于是乐此不疲地吵闹，殊不知，这是在一次次推开他们；也永远有女人喜欢用过去的誓言来绑架现在，她们一次次质问“你说过会对我好的”，潜台词是“你现在也必须对我好”，事实上，变了就是变了，你改变不了他，只是困住了自己。

既然时过境迁，请别两败俱伤。

陈阿娇不懂，她也不懂到底怎么样才能缓和关系。为了赢回汉武帝的心，她听信了一个叫楚服的女术士的话，在宫里大行巫蛊之术，一边诅咒卫子夫母子，一边期盼以“媚道”重获恩宠。

她让楚服穿上男装，两人同寝同住，形同夫妇。汉武帝听到风声，彻底厌弃了这个一起长大的表姐，他下旨腰斩了楚服，废除了她的皇后之位。

陈阿娇一定没有想到，她曾经得到了让所有女人都羡慕的“金屋”，最后却沦落到住进长门冷宫。到底是他太薄情，还是她太不聪明？

爱情不是珠联璧合的匹配，而是尺有所短、寸有所长的磨合。

雄霸如他，喜欢温声细语的理解和恭谨克己的隐忍；骄矜如她，喜欢全心全意地呵护和忠贞不贰的珍视。偏偏他们在同一段婚姻关系里，偏偏他们又各不退让，相互认为是对方的错，其实哪里有对错呢？

她最大的错，应该是忘了自己的丈夫是皇帝，爱得没有分寸。

也许，在长门宫的陈阿娇终于明白了这个道理，也终于摆正了自己在这段婚姻中的位置，所以她才会慕名请司马相如，花费重金，求来一篇《长门赋》，期望能够挽回几分旧情。

大家都说，汉武帝为此回心转意，再度宠幸陈阿娇。其实没有，她只是在长门宫里悄无声息地老了、死了。

她又愚笨了一次。爱情也是成王败寇，输了以后再来低头，就像吵完架以后的哭泣，显然不知所谓。还不如咬咬牙，撑过这点难堪，至少像个硬骨头，让对方高看一眼，何必做无用的求和？因为你已经没有求和的资本，只会让自己更掉价。

男人就是有这点蠢，所以辞藻华丽的《长门赋》在汉武帝眼里不是情深，只是想要东山再起的拙劣演技。他不会感动，只会轻视，再暗暗觉得她可笑。

遥想金屋旧盟约，老死长门意难平。

微疗愈

爱情是一门艺术，也是一门学问。

满腔赤诚和掏心掏肺，就像为他煮一顿大餐，你希望他吃得开心，再夸赞你贤惠，最好是投桃报李也为你下厨。但他可能不饿，可能不喜欢菜色，可能吃不了那么多，可能不会做饭……

爱情就是这样，要有投其所好的技巧，要有你进我退的觉悟，要有割疆裂土的准备。

陈阿娇不是输给了卫子夫，她是输给了自己。

第十章

管道昇：你侬我侬，忒煞情多

——恋爱要白月光，婚姻要蚊子血

缘分不强求，余生不将就

大龄单身，是一件不容易的事。

最难不在别人，而在自己。对每个适龄的女性来说，为什么会选择单身？无非是旧爱还在心上，或者新欢还在路上，不愿意和眼前人将就。可是，到底谁才是那个命中注定的人？旁人说不清楚，自己其实也不清楚，就像在路边等一辆出租车，等了又等，身边的目光和嘲讽倒是其次，更难熬的是眼看着别人陆续走了，自己也不安起来，怕已经错过了上一辆，又怕等不到下一辆，于是慌不择路地改为步行、坐公交、骑单车。

而在礼教森严的年代，管道昇二十八岁还没有结婚，更是实实在在的不容易。

管道昇当然不是嫁不出去。管家是春秋时期管仲的后代，家境殷实，管道昇的父亲小有名声，被乡人尊称为“管公”；母亲周氏知书识字，膝下只有她和姐姐两个女儿，于是把她们当成男孩子教养。

她自小就聪明伶俐，诗词歌赋，样样精通，大家都夸赞她“翰墨辞章，不学而能”。这样好的姑娘，配谁都绰绰有余，怎么会愁嫁呢？

但她不想草草嫁了，她有才有貌，如果嫁得不合心意，岂不是对自己的辜负？家世和钱财在其次，两个人要是没有共同的爱好和品味，怎么过日子？

没有什么适合结婚的对象，只有相互吸引的灵魂。

管道昇不急着结婚，拖着拖着，就到了二十八岁。好在她的父母也非常开明，管公甚至比女儿还不着急：“夫人生而聪明过人，公甚奇之，必得佳婿。”

我女儿那么好，就该好好挑一挑，怎么会嫁不到如意郎君？

是啊，婚姻不是一次购物，姑娘更不是货架上等待销售的物品，那些把嫁人当成清仓甩卖的行径，买卖双方往往最后都不满意。

直到管道昇遇上赵孟頫，她才不紧不慢地结束了单身生涯。

到底是什么打动了她？是家世吗？赵孟頫十一岁时，父亲便去世了，家里每况愈下，度日艰难，颠沛流离。是容貌吗？赵孟頫确实有一副好皮囊，他在三十二岁被推荐给元世祖忽必烈，对方赞赏他的才貌，惊呼“神仙中人”，可是要论容貌，也不是没有其他的美郎君。

她选择他，是因为他们精神上能够共鸣，灵魂上能够互相滋养。

管道昇善画，尤其是竹子，画工不比郑板桥差。她每日揣摩赏玩竹子的姿态，首创“晴竹”一体，以书法中的飞白手法画竹，竹叶用金错刀，精妙绝伦。赵孟頫也精通画艺，有时候她画了梅竹图，他就在画卷上题字点评，称赞她“落笔秀媚，超逸绝尘”；有时候他心血来潮，画春江垂钓，她就给他在图上补一丛墨竹。

赵孟頫是有名的书法家，写得一手好字，她有时要给亲属写信，他就殷勤地给她代笔，用千金难求的行书，写下絮絮叨叨的家长里短。写得顺手了，结尾时署了自己的名字，想了想，又涂改成“道昇”。其实，管道昇的书法也很好，圆润秀丽，比起丈夫又多了几分流动，后世把她和卫夫人并列，称为“书坛二夫人”。卫夫人是谁？那可是王羲之的老师，能与她并驾齐驱，可见管道昇的书法之精。

这样的婚姻谁不羡慕呢？连钱谦益也忍不住嫉妒他们，特意写诗赞叹：“天上人间此佳偶，齐劳共命兼师友。”

世间百相，每段婚姻的面目也不尽相同。

有的夫妻是最可悲的，同桌吃饭，同床就寝，但从来不曾同心同力。他们不了解彼此，也没有想了解的欲望，只是两个人搭伙，波澜不惊地过日子，面对面坐着，也不知道对方汹涌澎湃的内心；

有的夫妻是最常见的，柴米油盐地张罗着，你侬我侬地哄着，生儿育女地过着。他们在小心翼翼地摸索、试探和交流，会有争吵，也会有忍让，在日复一日的磨合中看清自己和对方；

有的夫妻是最难得的，不仅是肉体结为伴侣，灵魂也是相知相守。他们既是一体的，亲不可分，又是相互独立的，各自精彩。

管道昇是幸运的，她的不将就，让她等到了自己想嫁的人，得到了自己理想的婚姻。

风花雪月谈恋爱，柴米油盐做夫妻

或许有人要说，管道昇适合做恋人，红袖添香，意趣相投，却不见得适合做妻子。因为从琴棋书画到柴米油盐是有落差的，也不忍心让她去遭受这种落差。

谁忍心把一个才女逼成黄脸婆呢?

但是管道昇做得比任何人都好，她能阳春白雪，也能下里巴人；她能吟诗作画，也能操持家务；她能做才女，也能做贤妻。

在赵孟頫落魄时，她不曾嫌弃，而是以温情鼓励他、陪伴他。

元朝时，做官的风气很流行，功名和仕途是头等大事，连闺阁中的姑娘也成了“官迷”。就像《儒林外史》中的鲁小姐，在新婚之夜还要新郎看四书五经，因为新郎不够用功，气得大病一场。

赵孟頫的仕途并不顺利，一直在故乡闲居，直到入元朝为官。他很得忽必烈的赏识，先后做了兵部郎中和集贤直学士，可谓春风得意。但是，他以宋人的身份，为元朝效力，自然惹来很多争议，饱受文人排挤。

管道昇生在富贵丛里，丝毫没有贪图权势的心思，赵孟頫没有出仕时，她陪着他安于清贫；赵孟頫当官以后，在气节和前途之间矛盾，她便作《渔父词》悉心劝解：人生贵极是王侯，浮名浮利不自由。争得似，一扁舟，弄月吟风归去休。

得意时，与他锦上添花；失意时，陪他同甘共苦。这是一个妻子给予的尊重和理解，也是一个妻子持家的能力和品性。

在赵孟頫变心时，她不曾哭闹，而是以理智直面问题、解决问题。

婚后数年，赵孟頫在浙江任职，邂逅了一个貌美多情的歌姬，想要纳她为妾。于是，他给管道昇写了一封信：“我学士，尔夫人。岂不闻：陶学士有桃叶、桃根，苏学士有朝云、暮云。我便娶几个吴姬、越女，也无过分，你年纪已过四旬，只管占住玉堂春。”

话说得如此直白，更显得无情。我如今身居高位，身边娶几个姬妾也不过分，自古文人多情，你又何必计较？况且你年过四十，自然比不得莺莺燕燕，我将正室夫人的名位留给你，也不算负心薄情。

有几个女人能忍受丈夫这样理直气壮的辜负？是的，纳妾是很多男人都会做的，但我一开始选择嫁给你，就是因为你和别的男人不同。想不到，我们当时的情投意合，如今也走到了俗世结局。

对管道昇来说，他的变心当然是一种打击。她寻寻觅觅，直到二十八岁才嫁得意中人，自然是把感情看得很重。情深才有苛求，尤其是经历过那么多浓情蜜意的时刻，她绝不会容忍和别的女人分享一个丈夫。

她的脾性，她的感情，都指向了她宁折不弯的选择，但她毕竟不是那个满腔孤勇的自己了，她有了孩子，有了家，不可能撕开了脸皮去闹。她给赵孟頫回了一封信：“你侬我侬，忒煞情多；情多处，热似火；把一块泥，捻一个你，塑一个我。将咱两个，一齐打破，用水调和；再捻一个你，再塑一个我。我泥中有你，你泥中有我：我与你生同一个衾，死同一个椁。”

看似什么都没有说，其实什么都说了。

我对你，是结发的夫妻，是誓同生死的情分。因为我爱你，所以我不愿意你纳妾；因为我爱你，所以即使你纳了妾，我也是要和你白头到老的；因为我爱你，所以希望你能顾念我们的情分，关于纳妾这件事，再想一想。

一封词，百般情味，千般思量。

赵孟頫收到信，“大笑而止”。他没有纳妾，她也就若无其事地与他琴瑟和鸣。她心里难道真的没有任何芥蒂了吗？或许，作为管道昇是有的，但作为赵夫人却不能有，她要让这个家和和美美。

女人总是很难同时兼顾自我、妻性和母性的。自我总是任性一些，想做什么就做什么，不委屈，不将就；妻性总是理智一些，把风花雪月换了一日三餐，多了顾虑，多了牵绊；母性总是无私一些，有时候甚至愿意放弃自我。

管道昇虽然称不上完美，却在这三者之间游刃有余。

她一共生育了三男六女，除了长子夭折，其他孩子都健健康康地长大了，而且颇有建树，尤其是几个儿子。在她的言传身教下，赵雍、赵凤、赵麟等人都成了著名的书画家，外孙王蒙更是位列元代四大家之一。

如今的北京故宫博物院里还藏有《赵氏一门三竹图》，是由赵孟頫、管道昇和次子赵雍合作的墨竹图卷。

她是有主见的姑娘，是温柔的妻子，也是谆谆教导的母亲。

1319年，管道昇在返乡的途中因病离世。赵孟頫悲痛欲绝，在写给恩师的信中说：“盖是终身得老妻之助整三十年，一旦哭之，岂特失左右手而已也耶！哀痛之至，如何可言。”

三年后，他追随妻子而去，临终前特意嘱咐，要与管道昇合葬。

微疗愈

也许每个男人都曾希望生命中至少有两个女人，一个惊艳岁月，一个温柔时光；一个在心头，一个在身旁；一个白月光，一个蚊子血。

可是，谁说一个女人不能同时扮演这两个角色呢？

恋爱的浪漫与婚姻的琐碎，恋爱的自我与婚姻的隐忍，恋爱的诗意与婚姻的苟且……这些其实并不矛盾。

风花雪月谈恋爱，随心；柴米油盐做夫妻，用情。

第十一章

关盼盼：佳人何在？空锁燕子楼

——别相信感同身受，只有冷暖自知

只有懂得，才会慈悲

都说关盼盼是死于白居易的一首诗，多情最是文人，无情也最是文人。其实，她是死于自己的一次心灰意冷，原来姹紫嫣红开遍后，世情薄，人情恶。

她风尘半生，如风飘絮，如水浮萍。她和白居易相交一场，以为他理解其中的苦楚和情味，谁知道他从来不曾懂得。

人心隔肚皮，就像隔着关山万重，谁又真能懂得谁呢?

关盼盼出生于徐州，家里也曾经是书香门第。她自小就被父母精心教养，七岁识字，十岁能文，又通晓管弦音律，是当地远近闻名的才女。

随着年岁的增长，她出落得更加漂亮，父母为她订下了一门婚事，对方也是个青年才俊，真真是才子佳人，天作之合。

十来岁的少女自然是满心欢喜，知道自己要嫁个好郎君，满腔情思都如杨柳，一枝缠一叶，扰动了春水，缭乱了人心。

可惜天意弄人，还没等到关盼盼及笄，她的父母就相继过世了，只留下孤苦的女儿。关盼盼没有兄长，也没有弟弟，一个孱弱的女儿家要怎么过日子？想来想去，只能早早地嫁人。

没想到，她的未婚夫婿这时候竟然变了脸，或许是嫌弃她没了父母，孤苦无依，竟然不肯认这门亲事。郎君依然翩翩潇洒，却不复往日的温情脉脉，他出了仕，当了官，另娶了如花美眷。

“燕子！东风吹送不止，寄语昭阳路断，莫待痴情少郎；少郎，少郎！空负白头忧伤。”关盼盼满怀幽恨，恨郎君薄幸，恨红颜命苦，恨天意弄人。她如今什么依靠都没有了，偏偏又生得美貌，当一个女人没有实力保护自己的时候，美貌就成了祸害。

走投无路之下，她只好委身青楼，入了娼门。

凭借着过人的美貌和聪慧，关盼盼很快成为徐州、泗州一带的名妓，不管世家公子还是文人名流，都纷纷上门拜访，只为一睹芳颜。

她歌喉婉转，舞姿曼妙，最为人称道的是一曲霓裳羽衣舞。时人都喜欢白居易的《长恨歌》，她能够一口气唱出来，配上轻盈婀娜的舞姿，令无数人倾倒。

关盼盼从不理会那些王孙子弟，她素服素心，只卖艺，不卖身。

落入风尘中，是无奈之举，她并没有因此自轻自贱，生出攀龙附凤的心思。她知道，那些王孙子弟，只是喜欢她的容色，只是恩客和声色之徒，根本就不是真正的知音之人。

她有自己的好，想留给懂得的人。

人都是这样，对越是亲近的人，越是抱着无限的幻想。父母也好，兄弟姐妹也好，朋友也好，恋人也好，总觉得他们应该有一种天然的贴心，应该理所当然地理解自己。因为作为当事人，情绪的表露是很难拿捏分寸的，多了，太咄咄逼人，少了，不够分量。这时候，作为受众的亲友们，似乎就应该主动而体贴地站出来，说一句“我懂”。

哪个少女不怀春，不曾幻想有一个知情识趣的心上人呢？

当张愔出现的时候，关盼盼觉得，自己终于等到了那个人。

张愔出身贵族，父亲张建封是当时的名臣，他本人也是年少有为，被朝廷任命为徐州守帅。刚到徐州，他就听说了不少关于关盼盼的传言，在登门拜访后，便满心惊艳，爱她歌舞双绝，爱她如花解语，更爱她才情卓越。

一个贵族公子，一个风尘女子，他们的身份如此天差地别，他们的相爱又如此理所当然。

张愔虽然是一介武夫，没有骑马倚斜桥的多情，没有陌上杏花游的风雅，没有落花人独立的诗意，但他性情儒雅，喜好文墨，和满口风花雪月的书生相比，又多了几分豪爽和磊落。

风月场上，情爱匆匆，如幻如梦，转眼成空。他却认真了，丝毫没有鄙视她的境遇，也没有轻贱她的身份，而是慎之又慎地为她赎身，耗费千金，娶她过门。

虽然他已经有妻儿，她只能做妾室，关盼盼也仍然甘之如饴。

因为她知道，只有这个男人低下头，认认真真地“看”过她，目光交接处，不止皮囊，还有灵魂。

巧笑嫣然的背后是隐忍，夜夜笙歌的背后是麻木，咽泪装欢的背后是无奈，翩翩起舞的背后是挣扎……她觉得，这些他都懂。

因为这份懂得，她欢喜地嫁了。

这大概是很多人理想中的感情状态吧，你爱我，要爱我的骄傲，住高楼，一身绣；要爱我的锋芒，光万丈，众人仰；要爱我的喜悦，面如花，笑生春。但是，你也要爱我的落魄，在阴沟，暗低头；也要爱我的平庸，朝对暮，饭与蔬；也要爱我的眼泪，常戚戚，总怯怯。

走自己的路，让别人去说吧

婚后，关盼盼和张愔果然恩爱情浓。

她精通歌舞，他特意从京城请来了最好的舞师和乐师，供她观摩学习；她喜欢文墨，他就常常在府上举办宴会，邀请当地的人文雅士，相互吟诗作对；她爱好交游，他陪她溪畔赏柳，登楼望月。

渐渐地，关盼盼的名声越来越盛，从曾经的名妓一跃成为名媛。

张愔丝毫没有把这位美娇娘当成玩物或宠物，而是爱之惜之，为她洗去尘埃，不让珍珠蒙尘。

因为懂得，才会慈悲；因为慈悲，才会生爱；因为生爱，才会怜惜。

他甚至特意为她造了一座燕子楼，在徐州郊外的山麓，远离尘俗。楼前溪水潺潺，楼畔杨柳依依，楼中佳人袅袅。

闲暇时分，张愔就带着关盼盼到燕子楼小住，鸳鸯成堆，佳偶成双，羡煞许多旁人。

这年，大诗人白居易来了彭城，同为官僚的张愔自然要设宴款待。况且他一向还很仰慕白居易的才华，因此他热情地邀请白居易到府上做客。

得知这个消息，关盼盼喜不自胜。提到白居易的诗，连街上摆摊叫卖的老妪也知道，她早就心驰神往，如今有机会和他见面，她怎么能错过。

张愔特意让爱妾出席了宴会。酒正酣时，兴正浓时，她翩翩起舞，表演了自己最拿手的那首《长恨歌》和霓裳羽衣曲。

到底是倾动徐、泗两地的关盼盼，舞低杨柳楼心月，歌尽桃花扇底风，衣袂飘飘，宛若天仙。

这等才貌双绝的风姿，连白居易也为之叹服。他连连叫好，当场写下诗歌："醉娇胜不得，风袅牡丹花。"

有了白居易的美誉，关盼盼的名声更响亮了。

关盼盼在乎的却不是盛名，她欣喜若狂，因为自己仰慕的诗人为她写了诗，因为诗里都是对她的称赞，不见鄙夷。

说到底，她就是个以色侍人的妾，热热闹闹的名声背后，有多少香艳的揣测和嗤笑。白居易身居高位，又是座上宾，却没有半点看不起她，夸赞她美丽，不见任何轻佻；嘉许她舞艺精妙，出自诚心诚意。

她想，人生若有知己，应当如是。

可惜她想错了。

短短两年后，张愔因病去世，府上的姬妾们或走或离，昔日的热闹繁华再也没有了。

关盼盼也搬出了张府，带着一个年老的仆人，住进燕子楼，立志要为张愔守节。

这一守，就是十年。

她闭户不出，将慕名而来的拜访者拒之门外，一个人独自沉沦；

她谢绝脂粉，满身素缟，那些袅娜和娇媚褪得干干净净；她沉默寡言，再也没有碰过弦乐，再也没有跳过歌舞。

很多人都劝她，何苦为难自己呢？一个女人独自过日子，本来就不容易，更何况是一个守寡的女人。她明明有更轻松的路可以选，她有色也有艺，大不了再找个人嫁了，多少有个依靠。再不济，她从前就是出身风月，如今也不缺名声，就算高张艳帜地迎客又如何？

但关盼盼不肯，她的丈夫曾是顶天立地的男儿，官至尚书，他陪她一场岁月静好，她怎么忍心堕了他的名声？

都说士为知己者死，她愿意为知己者苦。

当然，也有人为之感动。有一次，司勋员外郎张仲素登门拜访，他在张愔手下任职多年，很受张愔的赏识。

也许是看在曾经的情分上，关盼盼见了他，故人相对，物非人非，感慨良多。

对于这个昔日上司的遗孀，张仲素既敬重又怜惜。虽说时人都喜欢纳妾，把红袖添香当作风韵雅事，但妾室地位有限，纵使得了春风恩宠，又有几个人能这样守身守心？

能够得到张仲素的这番赞赏，关盼盼心满意足。终于有人体贴她的不容易了，不是冷嘲热讽，不是旁敲侧击地试探，不是隐晦的暧昧。

人难免会有这样的时候，不是吃不了苦，也不是非要小题大做地嚷嚷，只是私心里总觉得自己特别些，吃过的苦、栽过的跟头、流过的眼泪，似乎都要比别人丰盛，于是就生出了蓬勃的倾诉欲，也格外渴求得到别人的应和与理解。

这就你好像摔了一跤，痛是真的，坚强也是真的，这时候要是有人说“你真不容易啊”“如果是我，我肯定哭了”，你必然听得满心欢喜，因为那份坚强里生出了一种成就感。

很多人需要这种成就感，来为自己的行为论功行赏。

关盼盼也是这样，她渴望自己能得到认同和理解。

听说张仲素要去拜访白居易，她想到昔日的一面之交，便把自己新作的诗稿整理了，托他带给白居易。

“自理剑履歌尘绝，红袖香消一十年。”她就像顾影自怜的花，对着过去的十年，一字一句地描下了自己的心酸。

事是真的，情是真的，只是旁人未必能够感同身受。

白居易还记得关盼盼，收到信，唏嘘了一番。不管怎么样，美人总是容易让人怜惜的，但这点怜惜并不妨碍他不满：黄金不惜买蛾眉，拣得如花四五枚。歌舞教成心力尽，一朝身去不相随。

想当初，张愔对你情深义重，花千金为你赎身，耗心力教你歌舞。如今，他已经奔赴黄泉，你为什么不以死殉情呢?

关盼盼如雷轰顶，原来，她所谓的守节，在别人眼里竟然也是一场凉薄。

她当然想过殉情，一死了之，黄泉相随。可是再想想他夫君的名声，想想张府散去的姬妾，她不能让后人觉得张愔重色，让爱妾殉身。

可惜，白居易并不懂她忍辱偷生的深情。

她悲痛、失望、无奈、愤懑……种种情味交织在一起，如同作茧，最后缠缚住她自己。

“儿童不识冲天物，漫把青泥汗雪毫。”在写下这两句绝笔诗后，关盼盼绝食而亡。

微疗愈

燕子楼犹在，佳人不在。

就像身居高位的白居易不能理解一介舞姬的忍辱负重，立志守节的关盼盼也不能理解一代文豪的风流薄情。这世上的事本来就如此，如人饮水，冷暖自知，各人有各人的瓦上霜和门前雪。

为什么要渴望着从旁人那里得到理解和懂得呢？自己能懂得自己，已是难得。

第十二章

薛涛：花开不同赏，花落不同悲

——好的坏的都是风景，对的错的都是经历

青春就是用来折腾的

薛涛凭什么能成为大唐最著名的女诗人？

因为才华？大唐最不缺的就是诗人，处处锦绣文章，个个妙笔生花。谁也不能拍着胸脯保证，薛涛的诗就是女中第一。

因为容貌？大唐也不缺美人，樱桃樊素口，杨柳小蛮腰。有回眸一笑百媚生的容色在前，薛涛虽然美貌，也绝对称不上艳压群芳。

因为身份？大唐同样不缺官妓，李善兰貌美，鱼玄机性骄。风尘之中，自有性情之人，薛涛是特别，却不是特例。

或许，她能脱颖而出，流芳后世，凭借的正是那风霜满面的一生；是年少无忌，老来无悔；是纵情纵心，纵笔白头。

薛涛原本也可以现世安稳的。

她的父亲薛郧在长安做官，官虽不大，官途却很坎坷，在长安还没来得及升官，便获罪流放，被贬到了蜀地。

薛涛好赖也算是官家小姐，虽称不上富贵显赫，却也是被父亲精心教养的，能写会画，天资聪颖。据说，她五六岁时就能吟诗，有一次，父亲薛郧在院子里休憩，见到青翠的梧桐树，兴致大发，当即吟诵道：“庭除一古桐，耸干入云中。”薛涛年纪还小，在一旁玩耍嬉戏，顺口接过父亲的话：“枝迎南北鸟，叶送往来风。”

后来有很多人说，这短短两句诗，更像是一段谶言，她年纪虽小，却已然预示了一生。迎来送往，枝叶无依，她给自己埋下了伏笔。

其实，谁的一生都无法被铁口直断。命运不是绢帛上描好的花样子，一笔一画成了型，只等着穿针引线，绣出种种红橙黄绿来，日复日，年复年，消磨光阴。命运更像是摆好的一局棋，规则是既定的，落子有方，每一步棋看似随性，却又环环相扣，注定了结局是输是赢。

薛涛的悲剧不是天生注定，而是她自己的性格决定的，自小如此，息息相关。鸟来，便相迎；风走，便相送，不惧外物纷扰，不为得失萦怀。

在十四岁那年，父亲薛郧去世了，独独留下薛涛，顶着罪臣之女的名头，入了乐籍，当了官妓。

所谓官妓，和寻常风月女子不同，都是出身官家的女眷，因为获罪、抄家等缘故，才沦为妓。但她们个个有貌又有才，是专门用来取悦官员的，可卖艺，也可卖身，虽然地位卑微，生活却很富足优裕。

薛涛很快就成为官妓中的翘楚，她是出了名的“通音律，善辩慧，工诗赋”，又生得一副好相貌，被很多文人和官员追捧。

在很长一段时间里，薛涛的这段经历都被刻意淡化。大家不愿意承认，那么出色的女诗人，受过那么多侮辱，甚至有人爱极生恨，埋怨她不应该走这条路。

她真的错了吗？那什么又是对的呢？抹了脖子，忠贞不屈地当一回烈女？那就不会有字字珠玑的诗歌，不会有名流千古的传奇，也不会有独一无二的“薛涛”。

她已经做得足够好，不哭，不闹，不怨天，不尤人，命运给她的，不管好坏，她都接住了。至于是否还有其他更好的选择，谁说得准呢？至少她把自己选择的路，走得稳稳当当。

客观来说，薛涛其实过得不错，生活安稳，衣食无忧，名声在外，尤其是她还遇到了韦皋。

韦皋，那也是大唐的传奇，马背征战，功震西南，一朝成名天下知。他留下许多故事，有慧眼识珠的岳母，有妆奁相赠的夫人张氏，有情定两世的侍女玉箫……但是，当薛涛出现时，这些故事都成为背景，而她则是当之无愧的主角。

公元785年，时任剑南西川节度使的韦皋，在一次宴会上结识了薛涛。他让她即兴作诗一首，她张口就来：“朝朝夜夜阳台下，为雨为云楚国亡。惆怅庙前多少柳，春来空斗画眉长。”

这首《谒巫山庙》，让韦皋深深地记住了薛涛。他把她召到府中，让她撰写公文、抄写案牍，做一些校对工作，类似今天的秘书一职。这本是校书郎的工作，可不是谁都能胜任的，虽然只是个九品官，但门槛极高，许多大诗人都是从这一职位开始踏上仕途，可见他对薛涛欣赏有加。他甚至还想上奏朝廷，让薛涛名正言顺地担任校书郎，遭到许多官员阻拦才作罢，要知道，历史上从来没有女人做过校书郎。

对一个有阅历的男人而言，要让他真正看得上一个女人是很难的，年轻、美貌、温柔等附加条件有时候甚至是减分项。因此，他们更习惯于宠，而不是爱，带着几分纵容，居高临下地谈情说爱。

韦皋对薛涛就是如此。

他们相差二十多岁，身份更是云泥之别，但他愿意宠她，给她锦衣玉食，让她舞文弄墨，给她“女校书”的实权，给她人尽皆知的风头。只要有宴会，他都会带上她，让她和达官显赫们同桌饮食，诗词唱和。但这些只是宠，和爱是不一样的，而薛涛却渐渐地得意忘形了。

她四处交游，出入乘车，招摇过市。有些官员为了讨好韦皋，蓄意接近薛涛，送上价值不菲的财物，她照单全收，在交际场上游刃有余，甚至敢当面调笑刺史大人。

说白了，这不过就是一个恋爱中的小女人，仗着韦皋的权势，有些没心没肺地享乐，有些不谙世事地轻狂，还有些恃宠生娇的娇憨。可惜他们的身份不对等，他们并不是真正意义上的恋爱，所以，尽管她把收下的贿赂都给了他，但他仍然不满她这种“交际花”的行为。

震怒之下，韦皋以“慰边”的名义，把薛涛“贬”到了松州。

从薛涛被“贬”的时间和诗作来看，韦皋还是有几分怜香惜玉的，并没有真的让她沦落为军妓卖色，只是“却将门下曲，唱与陇头儿”的卖唱。但对于一向养尊处优的薛涛而言，这已经是极大的打击，从风花雪月到黄沙漫漫，诗词无人懂，苦楚无人怜，难道她要对着下里巴人，唱一辈子的曲儿?

答案不言而喻。在前往松州的路上，她就凄凄惨惨地给韦皋认错了，写下一组《十离诗》：离了主人的流浪犬、离了手的笔、离了马厩的马、离了笼的鹦鹉、离了巢的燕、离了手掌的珠、离了池塘的鱼、离了鞲的鹰、离了亭的竹、离了玉台的镜子。

韦皋很快心软了，他本来就是爱才惜才的人，不过是想让她吃点苦头、长点教训，读完这组诗，立刻派人快马加鞭地赶往松州，把薛涛接了回来。

她也确实长了教训，回到韦皋身边，她做的第一件事就是筹划着脱去乐籍。从前的娇纵任性仿佛做梦似的，只顾无知无觉地挥霍与享乐，如今才看清了自己境遇艰难。

经历过浓墨重彩，才甘愿素衣简行

公元805年，韦皋因暴病去世，这个男人突然脱离薛涛的生活，就像当初突然降临一样。

其实，他们的关系未必如后人想象的那么不堪。她初涉风尘，他带她离开苦海，不啻从天而降的英雄，况且他有才干、有魄力、有军功，又有体贴和温情，她为求依附也好，春心暗动也好，是真心实意地和他过了一段好日子。

如果说爱对了是爱情，爱错了是青春，那么，韦皋就是薛涛最初的爱情，也是她最放肆的青春。

离开韦皋以后，这位蜀中名妓搬到了成都西郊的浣花里，一个人生活。门前过溪水，院中种菖蒲，时不时还有慕名来访的客人，日子过得悠闲而自在，偶尔写写诗，“词翰一出，则人争传以为玩”。

这天，她收到一封特别的邀约，约她前去梓州，而发出邀约的，竟是赫赫有名的诗人元稹。原来，元稹出使蜀中，听闻了薛涛的美名，有心见一见这位才貌双绝的佳人。

有些人，不如不见，因为一见误终身。有些缘，不如不结，因为难结连理枝。

可惜这时候的薛涛并不知道，她见了他，满心的惊艳与欢喜。

她从来没有见过这样的男子，才华横溢，风度翩翩，又在最好的年纪，落笔是锦绣文章，也是一种无声的撩拨。她溃不成军，他又何尝不是？哪怕见惯了风月，见多了美人，他也是头一次遇到她这样绣口锦心的才女，况且她名声在外，又平添了几分征服欲，他自然是心醉神迷。

短短的三个月，他们恩爱有加，形同夫妻。元稹本就是风流才子，心满意足之余，毫不避讳地给薛涛写诗，称赞她才貌如文君，大有显摆之意，将这桩才子佳人的韵事闹得沸沸扬扬。

他当这是一次艳遇，就像院落里的木槿，朝开暮死，热热烈烈地美丽一回，便足够了。因为他从前也是这样对待别的姑娘，美丽的、多情的、聪明的，艳遇了一个又一个。但她不同，她当这是一次情动，就像难得开一次花的菖蒲，可遇而不可求，认认真真地绽放一场，才罢休。因为她在此之前没有爱过，是生平第一次，也是唯一的一次。

所以，他转身回了洛阳，而她还在蜀地念念不忘。

陷入爱情的女人，都是顺从的傻子，年近四十的薛涛也不例外。

她给他写诗，字里行间都是缠绵的小女儿情态："双栖绿池上，朝暮共飞还。更忙将趋日，同心莲叶间。”

她和他通信，不愿意用传统的纸，特意用木芙蓉的树皮调制出一种笺纸，加入芙蓉花的汁液，使纸呈淡淡的红色，人称“薛涛笺”。裁剪成小条，写上几句问候，韵味十足，引得后世纷纷效仿。

她听闻他丧偶，又赶上贬官，于是千里迢迢地赶往江陵探望，陪在他身边。她哪里出过远门，曾经从蜀中到松州都让她惶恐，如今为他，没有半点为难。

她和许多诗人、名流都有过诗歌唱和，一向都是中规中矩的题名“寄友人”“别李郎中”“送卢员外”等等，唯独面对他的时候，是《寄旧诗与微之》。微之，是元稹的字。

而这时候的元稹，早就另结新欢了。他的妻子韦氏去世后，他没多久就纳了小妾，算算时间，正赶上薛涛去江陵探访他。这位小妾也是位薄命红颜，但元稹从不缺温柔乡，他很快又娶了第二任妻子裴氏，还迷上了另一位当世才女刘采春。

他留给薛涛的，只有断断续续的几次通信，只有那句轻飘飘的“别后相思隔烟水，菖蒲花发五云高”。

她难道不知道他的风流吗？她难道不知道，他们难以圆满吗？一个风尘乐妓，一个位极人臣；一个半老徐娘，一个意气风发。

她只是为着自己的心。

想这么做，就去做了；想这么爱，就去爱了。当她累了或者倦了的时候，她就停下来，不是因为别人的阻拦，也不是因为他的负心，只是因为自己。

所以，当她想出家的时候，便不管不顾地脱了红装，换了一身道袍。在所有人的不解和猜测之中，平静地搬离了浣花里，前往碧鸡坊，独自走完了人生的最后一程。

微疗愈

或许，很多人觉得薛涛是失败的：一身伤痕，一世爱恨，到最后根本没落得什么好结果。

可是谁说一定要有结果呢？走这一趟，就已经足够精彩。

出身官家，就要做个名门贵妇吗？年少轻狂，就要从此一蹶不振吗？情窦初开，就要强求花好月圆吗？

走过的都是路，经过的都是风景，好的坏的都是人生。

第十三章

薛灵芸：红泪偷垂，满眼春风百事非

——活得体面，不如活得明白

去追求所爱，别选择被爱

提到曹丕，很多人可能会想到《典论》文集，流芳后世；可能会想到七步成诗，兄弟相残。但很少会有人立刻想到薛灵芸，这个生死荣辱都系在曹丕身上的女人。

薛灵芸出生于浙西常山赞乡一带，严格来说，她是吴国人。她的父亲是个亭长，为人善良厚道，在当地很受敬重，但这官职实在不算大；母亲则是个普通的妇人，擅长纺织和刺绣，但这也不算什么了不起的本事，因为整个赞乡都盛行养蚕缫丝，家家户户的女人都能做一手好绣活。

就在这样一个普通的家庭里，薛灵芸却名动天下，从吴国到魏国，没有人不知道她。

或许是因为她生得美貌，小小年纪就灵秀动人，总有好奇的少年人趁着夜色，躲在薛家的院子外，想要偷偷地看一眼佳人；或许是因为她擅长刺绣，据说，她十岁时所绣的牡丹花，就能以假乱真，引来成群的蝴蝶绕花起舞；或许是因为她名声太好，既淑且贤，从乡野间渐渐传颂开了……

但为什么独独是薛灵芸呢？生得美貌的女子那么多，有才干的也不少，美名在外的更是如过江之鲫，她并不是独一无二的，甚至称不上出类拔萃，她只是一个被选择的结果。

这一年，江东孙权派遣使者奉表投魏，曹丕大喜过望，拜孙权为大将军，册封吴王，又加“九锡”之礼。孙权投桃报李，回馈了大批的贡品和美人。

薛灵芸就在这个时候登场了。上到吴王，下到郡守，当送她去魏国做妃子的王令一层层通报下来，别说薛灵芸，整个薛家都没有开口的余地。

不是没有人喜欢荣华富贵，也不是没有人习惯闲云野鹤，众生百态，世相万千，不管哪一种生活，都应该是主动的选择，而不是被动地强加。

薛灵芸有才有貌，与其这样白白地在乡野里埋没，入宫似乎也没什么不好。但这毕竟不是她自己的选择，或者她还来不及选择，就稀里糊涂地被推上了这条路，自然，这一路走得茫然而不快乐。

从离开家乡的那一刻开始，她就惶惑不安，坐在车里，整日以泪洗面，泪水止不住地流。随从们无奈之下，递上一只玉唾壶，让她承接泪水，谁知未到京师，壶中的泪水已凝结成血色。

这是典故“红泪”的由来，后世许多诗人纷纷以此为诗：一夜芙蓉红泪多、无言暗将红泪弹、谁家红泪客……以前读起来只觉得唯美，如今细读才觉得凄凉。那是一个再普通不过的女人，在不由自主的命运跟前，露出的软弱和苍白。

她什么都做不了，她甚至不知道自己应该做些什么。

与她恰恰相反，曹丕是一个目标清晰、行动果敢的人。他知道自己要的是什么，是这个美人，更是这个美人背后所寓意的臣服，所以他为薛灵芸准备了盛大的恩宠，给她看，给天下人看。

迎亲的兵马从魏国境内排到了长江北岸，接到薛灵芸后，立刻让她换乘“安车”，然后由兵马护送着北上。这是曹丕发明的一种华丽而舒适的交通工具，整辆车看上去就像一座移动的小宫殿：车篷上镶满各色金玉珠宝，车轮、车辙上用粉丹画满漂亮的花纹，还装饰着龙凤图案，车身四周安有百子铃，走动之际，会打出叮咚的响声，清脆悦耳，驾车的是尸涂国进贡的青毛骈蹄牛，行走起来快如马，稳似驴。

这一路，热闹而奢华。曹丕下令让各地官员迎候，车队所到之处，都由当地人在路旁燃烧香草，芬芳氤氲，缭绕不散，既是祈福，也是避疫。

车队要抵达洛阳时，曹丕让人在城外数十里处，筑土为台，高达三十丈，雄伟壮观。台下四周布满粗大的红烛，当它们点燃以后，光芒闪烁，把天空照耀得如同白昼，仿佛王母居住的瑶台。

天下人无不为之震动，尤其是东吴，一面臣服于曹丕所显露出来的雄厚实力，一面感化于曹丕对一个乡野女子的尊重，纷纷心悦诚服。

薛灵芸在备受瞩目之中，进了魏国的后宫。

曹丕大概是心满意足的吧，他想要的，都得到了。而此时的薛灵芸，大概还懵懵懂懂，在这猝不及防的恩宠之下，惊慌失措。

活得明白，才能活得痛快

几乎是毫无悬念的，薛灵芸一跃成为曹丕的宠妃，至少在外人看来如此。

当时，魏宫里流行晓霞妆，人人争相模仿，而薛灵芸就是首创者。她初来魏宫时，有一天，曹丕在灯下看书，周围摆着七尺屏风，薛灵芸在一旁作陪。或许是不小心，她的脸撞上了屏风，伤口处，红痕绵绵，如晓霞将散，更添了几分别样的美丽。等到伤口痊愈后，她的脸上依然留有绯色的印记，曹丕不仅没有嫌弃，反而对她恩宠有加。

宫人们心生羡慕，于是效仿薛灵芸，拿胭脂在脸上涂画出伤痕的效果，称之为晓霞妆。

多么有趣，又多么凄凉，女人总以为男人的爱是有迹可循的。你喜欢她什么呢？一双会说话的眼睛？小小的酒窝？长头发？飞扬的白裙子……没关系，这些我也可以学。我学着打扮，学着温柔，学着把自己变成另一个模样，可惜你仍然不爱我。

很多时候，男人都带着一种狡猾的深情，他喜欢她的时候，觉得她哪里都好，等到不喜欢了，那种好在她身上也就没有用了。可恨的是，他还拿着这套好与不好当借口，评判一个又一个姑娘，也伤害一个又一个姑娘。更可恨的是，总有姑娘们以为自己不好，要千方百计地折磨自己，迎合他人。

曹丕喜欢的真是晓霞妆吗？不见得，他的喜欢只是出于需要，哪怕是对薛灵芸这个人，如果还有其他选择，他也可以喜欢张灵芸、李灵芸。可惜身在其中的人难以看清，白白招惹那么多羡慕和嫉恨。

他的喜欢，是不由分说地给她改名字，叫她“薛夜来”。在她到达洛阳城的那天，他坐着雕玉车辇去烛台迎接，看到车马滚滚，尘埃飞起，如同云雾弥漫，一时兴致大发地感叹：过去说清晨行云，傍晚行雨，现在既不是云也不是雨，既不是清晨也不是傍晚，就叫她“夜来”吧。朝云暮雨，原本就是男欢女爱的暧昧和香艳，他想到楚王和巫山女神，不免扬扬自得，如此轻飘飘地就改了她的名。

他的喜欢，是自作主张地为她做决定，打着“为你好”的旗号。薛灵芸生得纤秀灵巧，进宫后，有外夷番邦向宫中进献火珠龙鸾钗作为贺仪。这火珠龙鸾钗是难得的珍宝，白天看上去和普通的玉钗相似，到了晚上便莹光闪闪，光彩夺目。曹丕掂了掂钗子，觉得有些重，不让薛灵芸戴在头上，命她收藏起来，只作观赏，不要佩戴。

他的喜欢，是自以为是的体贴和温柔。到魏国后，薛灵芸不免思念家乡和父母，曹丕得知后，下令在后宫中筑起九华台，以方便薛灵芸登台远眺，遥思南方的故乡。又开凿了流香池，池中遍植由江南引进的荷花，荷叶田田，泛舟其中，就如同回到了江南水乡。他算用心了吧？但那个害她远离故土的人正是他，况且这些慰藉只是饮鸩止渴，顺便给她添上红颜祸水的名声。

这些喜欢，看起来光鲜，而实际上就像泡沫似的，漂亮却没有任何意义。他宠她，却不会尊重她，不会体贴她，更不会爱她。

薛灵芸不懂。他让她当个宠妃，时不时地给点甜头，那她就乖乖顶着宠妃的名头，亦步亦趋地接受。

曹丕当然不止她一个女人，贤良如甄宓，以二嫁的身份，生下继位的太子，虽然红颜薄命，却也名传千古；聪明如郭女王，从贵嫔到皇后，步步为营，荣华一生……身为宠妃的薛灵芸却是毫无作为，毫无存在感。

谁能想象，一个名声在外的宠妃，留给历史的竟然只是寥寥数笔，只是一个“针神”的称号。

她只会默默地缝制衣服，从前她在家乡给父母兄弟裁衣绣花，现在她在宫里给曹丕裁衣绣花。有一次，曹丕在花园中散步，衣角被树枝划破了，他换上新衣以后，将这身衣服扔在一旁。薛灵芸见了，不忍心他糟蹋衣物，悄悄用细针把破口处织补好，并且绣上花纹，丝毫看不出痕迹。几天后，曹丕发现自己丢掉的衣服又出现了，上身一试，破口处已经修补得天衣无缝，他大为赞赏，此后就让薛灵芸替他缝制和修补衣服。

于是，深宫数十年，她最美的年华在一针一线中穿梭而过。很多个深夜，她就坐在床帷帐中，连烛火都不用点，黑暗里也照常利落地穿针引线。这灵巧的手艺，让宫中人人都叹服不已，称呼她为“针神”。

但她的一生就只能是这样吗？在鲜花着锦的宫闱里，她到底得到了什么？如果为了名利，她就该咬紧牙关，一步一步往上爬，而不是到死只有美人的名位；如果为了爱情，她就该椒房专宠，谋取一份真心，成全一段佳话，而不是淹没于济济的后宫；如果为了自我，她就该以绣成名，自成一派，留名青史……

但她并没有，她只是光鲜而空虚地过完了一辈子。

黄初七年的夏天，曹丕因病去世，他临终前遣散后宫，此后薛灵芸下落不明，不知所终。

微疗愈

知道自己要什么的人，才是最幸福的。

哪怕最后得不到，但那些心心念念，就像航海途中的灯塔，让我们终其一生有了目标感、成就感和幸福感。否则，跟着大众的步伐，走着前人的路，过着别人羡慕的生活，也无法快乐。

因为活得滋润，不如活得明白，活得明白，才能活得痛快。

第十四章

步非烟：愿得化为松上鹤，一双飞去入行云

——用全力爱自己，用余力爱别人

如果可以，别委屈自己

如果你嫁给了一个不爱的人，你会怎么办?

是同床异梦几十年，郁郁寡欢一辈子? 是独行独卧独坐，独来独往独活? 是一别两宽，各自欢喜? 还是琵琶别抱，新欢另结?

步非烟选择了死。

步非烟是洛阳城有名的美人，桃花如眉眼，杨柳如细腰。据说，她体态纤丽，连柔软的罗衣都无法承受，就好似弱柳扶风，轻盈无双。

她不止容貌出众，才情也很不俗，能诗能文，精通音律，尤其擅长击缶，也擅长秦声，一开口，如三月莺歌，嘀嘀婉转。

这样的一个深闺才女，喜爱的自然是谦谦书生，风雅而不风流，温润而又温柔；向往的自然是花前月下相偎相依，红袖添香共读书。

可惜，那时候的婚姻大多是父母之命，媒妁之言，没有自由恋爱的权利。步非烟父母早逝，她是依附着亲眷生活，没有长辈做主，到了嫁人的年纪，只能由着媒妁牵桥搭线。

步非烟名声在外，想要求娶的人自然不少，而她最后嫁给了河南府的功曹参军武公业，只是小妾，不是正室。

武公业是个地道的武将，长得虎背熊腰，五大三粗，性情又粗狂躁烈，别说琴棋书画，恐怕识字也不多，完全不符合步非烟的择偶标准。但武公业偏偏看中了她，他早就听说过她的美名，在一次机缘巧合之下，又偶遇了出门游玩的步非烟，匆匆一面，惊艳于心，立刻就找了媒人上门提亲。

武公业有意欺瞒，再加上媒人故意哄骗，步非烟嫁给了自己完全不喜欢的人。

她不喜欢舞刀弄枪，也不喜欢率性粗鲁，更不喜欢他，这日子怎么过呢？他给不了她柔情蜜意，也无法和她诗词互答，哪怕是她最擅长的击缶，声声精妙，配合丝竹之音，他也是一窍不通，根本听不懂乐曲背后的心思。

但是，偏偏他喜欢她，把她当成珠玉宝贝似的，给她华服锦衣，给她宠爱，公务再忙也要抽空回家看她，渐渐地，外人都知道武公业有个爱妾。

步非烟并不觉得这是爱，她的爱，来自一次偶然。

武家的隔壁住着天水赵氏的子弟，那也是诗礼簪缨的大户人家。家中，有个名叫赵象的公子，年方二十，端秀风雅，因为守丧礼，在家闭户读书。

有一天，步非烟正在园子里赏花，花开如锦绣，却比不过美人颦眉，她连忧愁都那么动人。这一幕被赵象凑巧看到了，透过自家南墙的隙缝，美人如画，近在咫尺又远在天涯。从这以后，他就起了相思，每天茶饭不思，夜里辗转反侧。

很多时候，爱就是见色起意，只不过有些人贪新鲜，转头就忘了，而有些人更恋旧些。

赵象相思成疾，竟然花重金收买了武家的门卫，托他转达自己的爱慕之意。门卫被贿赂打动，于是让自己的妻子去接近步非烟，趁她独处时，偷偷将赵象的心意说给她听。

步非烟微微笑了笑，没有说任何话。她虽然厌恶武公业，但她并不是孟浪的女子，此时的她，并没有把赵象这个爱慕者放在心上，她何尝缺过爱慕者呢？只是命运弄人，赵象完全是上天送到她面前的意中人，无处不符合她的心意。

尽管没有得到回应，赵象却不肯放弃，反而越来越痴迷，用薛涛笺写了一首绝句，托人送过去："一睹倾城貌，尘心只自猜。不随萧史去，拟学阿兰来。"

步非烟到底还是喜欢才子书生，看多了武公业的粗鄙，再对比赵象的雅致，她忍不住叹气，幽怨地自嘲："此生福薄，不得当之。"

她知道这个男子有大好才貌，但她也知道自己已为人妇，遇见时，就已经是一场错过。赵象听完门卫的传话，却是大喜过望，只要她肯搭理自己，他何愁没有机会？他也猜出了她喜爱文墨，特意取了剡溪玉叶笺，又捎去几首诗词。

这一次，步非烟依然没有回应。她病了，缠绵榻上，心情更加低落，武公业本就不得她的欢心，缺少体贴和关怀，更何况他忙于公务，常常歇宿在公府，偶尔才回家一趟。赵象并不知道她的境况，依然托人写诗送信，每每得不到回应，相思之情愈发浓烈，字里行间也愈发真挚动人。

或许，那些情真意切的诗词撩拨了步非烟，病愈以后，她给赵象送了一只小巧的香囊，里面装着玉蝉和一副诗笺。

一个女人的动心是很没有道理的，甚至无迹可循，可它又是那么明明白白，就像加了蜜的清水，看不出任何端倪，却是入口即甜，最润心。

可是很少有女人想到，那一口甜，或许是有毒的。

爱的底线不是爱，而是你自己

步非烟和赵象，大概是唐朝最有名的婚外情了。

他们以诗书传情，隔着一堵墙，信写了一封又一封。春花秋月，夏风冬雪，凡是眼前所见，无不可以入诗，一字一句，便打发了一个个孤独的日子。

有一天傍晚，门卫突然跑过来见赵象，笑着说："赵郎愿意见神仙否？"赵象既惊又喜，原来，武公业要去公府值班，夜里不会回来了，步非烟暗暗约他见面。

赵象自然应允，等到夜深时分，顺着梯子爬过墙头，偷偷地潜入了武家的后院。步非烟盛装打扮，立在花丛边等候，真真是人比花娇。

爱情，有时候带着一种不道德的美感，它从欲望里生出来，又困缚在道德里，有人享受着，有人挣脱着，有人迷惑着。可是说到底，爱是其次的，爱与被爱的人才是最重要的，如果伤到了人，不管那个人是自己还是别人，那份爱不要也罢。

步非烟也有过犹豫，她毕竟嫁了人，不适合和赵象纠缠在一起，但是爱情带来的热烈和甜蜜，盖过了所有的隐忧。

一晌贪欢后，她哭着对赵象说：“我不是天性风流的女人，不是没有松柏的坚贞之志，受君之爱，只是情之所至，还请公子铭记。”赵象连忙发愿立誓：“我不是轻狂之徒，不会逢场作戏，但求长相厮守。”

其实，这种誓言哪里可信呢？一个盯着别人碗里看的饕客，如果看中了，自然恨不得把美食夺过来。只是巴巴地偷吃几嘴，要么是不愿费劲儿，要么是习惯作祟，要么是还盯着锅里，说到底就是不够喜欢。

步非烟也许明白，然而，那些情真意切的诗词是假不了的，每个字都带着温度，几乎要把她的心烫得燃烧起来。在她过去的生命里，她一直幻想着有这样一个人，和武公业截然不同的一个人，现在他出现了，她已经不愿意去戳穿。

她只想热烈地去爱，和一个合心意的人。

这段私情维持了近一年的时候，他们书信来往密切，趁着武公业不在家，就爬过墙头幽会。然而事情总有败露的时候，有一次，步非烟的婢女犯了错，她命人责打，婢女怀恨在心，等到武公业回家后，便暗地找到他告密。

武公业起初并不愿相信，他嘱咐婢女不要声张，轮到要去公府值班时，他表面上像往常一样出了门，背地里却向公府请了假。到了晚上，他暗暗潜回家里，走到后院，就发现步非烟正坐在窗户前吟诗，而赵象则趴在墙头上含情而望。

武公业勃然大怒，立刻冲上前，要捉住赵象。赵象听到动静，连忙回身跳下墙，两人拉扯之间，武公业只撕下了半块衣角，没有留下人，也没有来得及看清面目。

怒气冲冲的他拿着衣角去质问步非烟，没想到，她虽然吓得花容失色，却始终不肯说出赵象的名字。武公业更加恼怒了，让人把她绑在柱子上，拿过鞭子，狠狠地鞭打了一番。

步非烟伤痕累累，遍身血流，反而镇定下来，只说了一句："生得相亲，死亦何惧。"

这是她最后的倔强和痴情。

她自知没有什么好下场，依然心心念念着情郎，不愿他受到牵连和伤害。

直到半夜，武公业也没有问出任何蛛丝马迹，他倦怠地在椅子上假寐。这时，步非烟已经被鞭打得体无完肤，她开口让婢女端来一杯水，慢慢地喝了，不久便气绝身亡。

武公业怒气未消，想要继续鞭打她，却发现这个本就柔弱的美人已经香消玉殒，死在了自己的鞭子下。他马上抱起步非烟，解开她身上的绳索，对所有人宣称：我的爱妾暴病身亡。

是的，顶着暴病的名头，曾经才貌双绝的步非烟就这么悄无声息地没了，葬在北氓，无人过问。

她深爱的赵象，已经悄悄改头换面，隐姓埋名，逃走于江浙之间。

他们之间应该有过爱吧，跨越了身份和物质，只是单纯地被彼此吸引，笔墨相通，心意相连。或许，在步非烟临死之前，她是极其满足的，因为她毕生所求的，不过一个良人而已。

但这样的爱真的对吗？爱到自己失去性命，爱到伤人伤己，爱到昙花一现。武公业失去的是视为宠物的爱妾，赵象失去的是显赫的身份和美丽的情人，而步非烟失去的是性命。

爱他，也要爱自己。

微疗愈

永远不要两手空空地去爱别人，留些余地给自己。

在任何一段爱情里，爱的底线不是爱，而是你自己。爱到极致，也不要豁出所有，当你把一切全部奉与对方的时候，恰恰是你最无能、最脆弱、最危险的时候。

爱到六七分，留得青山在。

第十五章

李香君：桃花歌扇小，杨柳舞衫长

——美在皮囊，更在风骨

外貌让人动心，内在让人动情

李香君是“秦淮八艳”之一。

美貌如陈圆圆，红颜祸国；清高如柳如是，不让须眉；风雅如董小宛，宜室宜家；洒脱如顾横波，风光显赫；妩媚如卞玉京，遁入空门；娇艳如寇白门，半生流离；多情如马湘兰，诗画双绝；忠贞如李香君，歌尽桃花……

是这些传奇女子，成就了一条秦淮河；也是红粉秦淮，滋润了无数故事。

李香君的故事格外惊心动魄。

李香君原本姓吴，出生于苏州阊门。她的父亲是个品级很低的武官，两个哥哥也没什么才能，家道中落以后，她漂泊到异乡，被南京秣陵教坊的名妓李贞丽收养，于是就跟随养母姓李，改名李香，又名李香君。

那一年，她只有八岁。

养母李贞丽是南京有名的人物，虽然出身风尘，却很有侠气，曾经和人赌博，一夜之间输掉千两黄金。她所交往的都是当世豪杰，尤其亲近东林党，见识不俗。

在养母的调教下，李香君知书识字，自小就跟着学习诗词文章和丝竹琵琶。她尤其擅长唱曲，歌声甜润，引来无数游客文人的追捧。当时最流行的戏曲是汤显祖的《紫钗记》《牡丹亭》《南柯记》和《邯郸记》，合称“临川四梦”，她样样都会，而且唱法精绝，音律袅袅中，唱出了每个角色的灵魂。

她唱得最好的是《琵琶记》，那是她的拿手绝活，但她不轻易登台表演。即便如此，还是有许多人慕名前来，只为见一面、听一曲，在秦淮，“香扇坠”的名号无人不知。

“香扇坠”，这个名号就透着无限风情。据说，是因为李香君身材娇小，又生得清丽绝伦，肌肤莹白如玉，正像一枚小巧玲珑的玉坠，挂在扇子上，出入花柳间，香风阵阵。

连初到金陵的侯方域，听多了李香君的美名，也忍不住心生好奇。

侯方域是户部尚书之子，端秀有才，位列“明末四公子”之一。为了科考，他来到金陵，与当地东林党的文士交往甚密，一来二去，就结识了李香君。

第一次见面，是在李香君的闺阁。她不喜欢金玉，屋子里陈设的是书画古玩，丝毫没有青楼的媚俗之气。侯方域一眼就留意到墙上的《寒江晓泛图》，在寒雪弥漫的江面上，一叶孤舟，一道人影，天苍苍，水茫茫，意境悠远而淡泊。

得知这幅画是出自李香君之手，侯方域既惊又喜，身处风尘之中，竟然有如此不俗的胸怀。他这才收起了轻慢，对面前这个娇柔少女刮目相看，生出由衷的欣赏之意。

才子遇上佳人，就是一出妙笔天成的好故事，哪怕时机不对，哪怕身份不配，哪怕结局不好，那都是故事自带的一波三折，更引人注目。

从这以后，侯方域就常常流连于李香君的香闺，一开始是讨论诗文，渐渐地，就动了儿女之情。

李香君不过十五六岁，还是个清倌儿，只卖才艺。侯方域要是有心抱得美人归，需要为她“梳拢”，这是青楼里的规矩，风尘中的女孩都只梳辫，卖了身以后，才改成梳髻。

李香君远近闻名，身价自然不低，侯方域并不是什么一掷千金的花花公子，拿不出许多钱财，好在他朋友帮衬。金陵的东林党的文士都钦慕侯方域的才华，有心撮合这对佳偶，于是纷纷出钱资助，成就良缘。

不仅如此，每每两人幽会或出游，总有友人送来美酒佳肴和妆奁珠宝，热情地款待他们。李香君聪慧机敏，非常善于识人。她私下提醒侯方域：“你那个朋友家境清贫，不是爱好交游的人，怎么突然大献殷勤，你何不问一问他呢？”

侯方域找来那位朋友诘问，原来，他与李香君的情事在金陵传得沸沸扬扬，除了热心相帮的朋友，也有许多想趁机献媚的人。这其中有个叫阮大铖的，他心术不正，因为依附阉党而被批判，听闻侯方域正缺钱，就试图用钱帛讨好他，希望侯方域为首的东林党人能放他一马。

弄清缘由后，李香君立刻推掉了那位朋友的钱财，并劝说侯方域：“我自小跟随养母，就认识了很多东林党的文士，他们都品德高尚，铁骨铮铮。现在你和他们交好，怎么能为了阮大铖而背弃这些亲密的朋友呢？况且你出身世家，怎么能结交阮大铖这样的人呢？”

她宁可过清贫日子，也不愿意收不义之财，为了表示自己的决心，还不惜砸掉了对方送来的妆奁珠宝。

不为五斗米折腰，不为身外物低头，平常人都很难拒绝钱财的诱惑，更何况是倚门卖笑的风尘女子。李香君却做到了，况且这种贿赂是落在情人身上，她还冒着触怒情人的风险，很可能落得人财两失的下场，但她依然坚持自己的原则。

明明小女子，却有大胸怀。

侯方域叹服不已，那个朋友再次上门送礼时，他就借口醉酒，卧床不见，完全拒绝了阮大铖的示好。

此后，侯方域对李香君越发怜爱，两人的感情如漆似胶。他绝对没有想到，这件事竟然为日后埋下了隐患。

一身风骨，胜过一张好皮囊

那一年，侯方域科考未中。他打算离开金陵，前去投靠史可法，不得不与李香君作别。

李香君在桃叶渡设下酒宴，为他践行，席上，她表演了自己最拿手的《琵琶记》。两人临别时，她立誓说：“你的才华和名声都很好，和蔡邕不相上下。蔡邕的学问出色，品行却存在缺陷，虽然《琵琶记》里说他抛弃发妻是假的，但他曾经亲附董卓却是真的。你生性豪爽，不喜欢约束，又加上科举失意，今日一别，希望你能始终自爱，不辜负我为你唱的这一曲《琵琶记》。”

从这以后，李香君再也没有唱过《琵琶记》。

匆匆恩爱一场，她到底图什么呢？不为钱，不为名，连名分都没有，温存也只如朝露，说散就散。但她没有计较，满腔真情，从心而爱，即使缘分尽了，依然为他惦记和担忧。

不求他功成名就，富贵显达，只求他守身立则，保持初心。这是一个爱人的痴情，也是一个女人的胸襟。

侯方域离开没多久，李香君就被人盯上了。

对方不是别人，正是曾经试图笼络侯方域的阮大铖，在遭到拒绝后，他怀恨在心。偏偏阉党又越来越得势，他屡次故意挑衅和为难侯方域，如今，他眼看着李香君落单，便存心想要报复。

当时金陵有个名叫田仰的官员，很受皇帝的宠信，他早就听闻了李香君的美名，思慕已久，奈何李香君已经名花有主。

趁着侯方域远走，阮大铖立刻怂恿田仰，带着小厮和五百两黄金，强行闯到了李香君居住的媚香楼，要纳她为小妾。

李香君当然不肯，且不说她和侯方域两心相好，已经互许终身了，余生都会默默等他；就算她与侯方域分道扬镳，她也不会贸贸然投入别人的怀抱，不会被荣华富贵迷了眼、花了心。

因为她一直就是个有骨气的女子。

她自然没有答应田仰的求娶，但对方并不罢休，直接将花轿抬上了门，摆足了一副抢亲的架势。他们料定李香君无可奈何，一个风尘女子而已，无依无靠，仅仅有些名声，那都是无根的浮萍，压根儿经不起风浪，护不了自己。

没有人能替她出头，但是，要她委曲求全，她是万万不肯的，于是她一头撞向了柱子。宁可枝头抱香死，绝不零落尘泥中。她就像一株凌霜绽放的菊，风骨凛然，既孤又傲。

所有人都慌了、惊了、震撼了。

李香君是存心求死，但好在上天垂怜，楼中的姐妹和友人及时救下了她。血溅香闺，虽然触目惊心，却保住了性命，而田仰和阮大铖之流，诧异于她的贞烈，只能灰溜溜地离开了。

据说，李香君的血刚好溅在了一把素面白绢扇上，点点血斑，触目惊心。有个名叫杨文龙的文士是侯方域和李香君的朋友，他感动于两人的深情，便就着那抹血迹，在绢扇上画了一幅桃花图。

桃花朵朵开，是以身殉情的伤，是宁折不弯的姿态。

这把桃花扇，成了李香君的爱物，她拿它当成自己和侯方域的爱情信物，苦苦等着侯方域的回归。然而，大明很快亡国了，随之而来的只有动乱和分离。

此时的侯方域在宜兴被清兵逮捕，押送至金陵大牢，而身在金陵的李香君受尽苦头，躲进了栖霞山中。她和“秦淮八艳”之一的卞玉京一起寄身庙庵，当了尼姑，乱世里，这是一个柔弱女子所能想到的唯一庇护。

其实，以她的才情和美貌，又名声在外，何尝没有好日子可过？譬如她的姐妹寇白门，不就是凭着“秦淮八艳”的名头，风风光光地做了清朝的一品诰命夫人？

她想活，却不想活得没有尊严，与其等着被清兵俘虏，不如削去满头情丝，遁入空门。

次年，顺利脱身的侯方域在栖霞山找到了李香君，历经战乱和生死，这对有情人再次拥抱在一起。

侯方域是娶了妻子的，家小都在商丘老宅。这一次，他以妾的名义，带着李香君回了家。当然，他隐瞒了李香君的名妓身份，侯家毕竟是名门望族，不会容下这个出身卑贱的女子。

在这里，李香君度过了人生中最舒适美满的八年。她住在西园翡翠楼，与公婆相处和睦，与原配夫人情同姐妹，与侯方域琴瑟和谐。

但是，当她出身风尘的秘密被人揭穿时，这一切的幸福都戛然而止。侯方域的父亲完全无法接受，在一个封建大家族里，李香君的存在就如同污点，哪怕她当时已经怀有身孕，也依然卑贱如泥，不被接纳。

趁着侯方域出门在外，他的父亲将李香君赶出了侯家，将她扔在城外十五里的一个柴草园。

比起被驱逐，我更愿意相信，这也是李香君自己的选择：与其在屋檐下任人践踏，不如自寻一条生路。

一年后，李香君病逝于柴草园。

微疗愈

秦淮八艳，个个都是人间绝色，为什么大家都推李香君为首？

不是因为美貌，不是因为才情，而是因为满身风骨。

容色的动人，会随着时间而减退；内在的魅力，却不会消减，甚至与日俱增。

所以，真正的美人，不仅要有一副好皮囊，还要修一颗玲珑心。

第十六章

钟无盐：寄语无盐子，如君何足珍

——能力，才是女人最大的底气

只要足够好，不怕没人爱

每次听《钟无艳》，都免不了生出怅惘。这首歌唱的是一个女人的委屈，她恋他成痴，可是自知隔着鸿沟，不敢有相伴相守的奢望，却也没有相忘江湖的勇气。而他明知她的心意，不接受，也不拒绝，在她付出时，心安理得地接受；在她离开时，若有似无地挽留。

相比于男人，一个女人在感情里的战役总是更困难些，尤其是一个不漂亮的女人，她要多努力几分，才可能拿到参赛资格。

所以，很多人觉得钟无艳是个失败者，至少是个被同情的对象，因为她生得丑，那张脸让她在感情里姿态狼狈，一次次处于劣势。但有没有人想过，为什么她生得丑，却能让喜欢美女的齐宣王娶了她？哪怕不爱，也没有休弃她？

这不是一个自哀自怜的爱情故事，而是一个自立自强的励志故事。

钟无艳是有名的丑女，有多丑呢？她原名钟无盐，于是“貌似无盐”这个词，就成了天下丑女的代名词。

相传，她长得“凹头深目，长肚大节，昂鼻结喉，肥顶少发”，远近的乡邻都嫌弃她这副容貌。很显然，这并不是男性们理想的恋爱对象，所以她直到四十岁也没有嫁出去。

钟无艳并没有因此而妄自菲薄，她老老实实地等待着。

有时候，感情就像一场各花入各眼的采摘，有人贪图容色，有人贪图芳香，有人贪图风姿，还有人贪图功效。不同的人，选择不同的花；不同的人，喜欢不同的姑娘。只要有自己的闪光点，总会得到欣赏和追逐。

钟无艳就是如此，当她站在齐宣王面前时，他看到了她的丑，但也看到了她的好。

她是来给他出谋划策的。

齐宣王在早期是个相当英明的国君，爱惜人才，励精图治，招揽了天下名士，政务上勤勤恳恳，但是到了后期，他开始慢慢懈怠，沉迷于声色犬马，纵情于挥霍享乐，奢靡放荡，荒废国事。百姓们怨声载道，民不聊生。

冒着被杀头的危险，钟无艳主动来见了齐宣王。朝堂上，所有人都瞪目于她的丑，她却视若无睹，面上波澜不惊，胸中气象万千。

她按照计划的那样，高声大呼："危险啊！危险啊！"然后举起手、张开嘴、挥动手、拍拍腿，表现得突兀而怪异。

齐宣王果然好奇了，问她这些动作是什么意思。

钟无艳上前施礼，说道："我举目，是要替大王观察风云的变化；张口，是要惩罚大王那双不听劝谏的耳朵；挥手，是要替大王赶走阿谀之徒；拍腿，是要拆除大王游乐的行宫。"

齐宣王一听，便来了兴趣，让她继续讲下去。

难道他不知道自己的昏聩吗？难道没有人进言劝告吗？有的，但只有钟无艳把话说到了心坎上，让他听进了耳朵里。

这就是她的本事。

听完她的劝谏，齐宣王如梦初醒，大为感动地说："如果你不及时来这里提醒我，我哪会知道自己的过错啊！"

他从善如流，停止了自己的荒诞行为，拆除宫殿，驱逐小人，停罢女乐。不仅如此，他视钟无艳为珍宝，封她为王后，极尽荣耀。

他爱她吗？当然爱，否则怎么会给她女人的至尊之位？怎么会让她常伴君王左右？是的，她生得丑，但那有什么关系，他爱她绝对胜过那些美貌的妃嫔，因为美人常有，而钟无艳不常有。

这种爱三分敬重七分需求，不同于单纯的男女之情，比起荷尔蒙的吸引，往往更牢靠可信。

他们的关系里，齐宣王甚至并不占优势，这个女人能帮他治国安邦，转头也能帮别人。离开他，她只不过丢了一个食之无味的头衔，齐宣王又怎么样，以她的智慧和远见，总会有识货之人。离开她，他却要承担做昏君的风险，浑浑噩噩地虚度，那是再多美人也拯救不了的。

连齐国百姓都知道她的重要性，口口相传地称颂："无盐娘娘生得丑，保着齐王坐江山。"

这就是她的底气。

在很多人的观念里，一个相貌丑陋的女人，要想得到男人的爱，难于上青天。但钟无艳却做到了，她会带兵打仗，会救民于水火，会打败所有美人成为王后，她靠的不是齐宣王的同情与怜悯，而是她足够好。

每个女人都应该有自己的好，或是美丽，如漫山花开，惊动春风；或是温柔，如满池涟漪，暗送秋波；或是聪明，如玲珑玉环，环环相扣；或是善良，如红炉温酒，酒香绵长……不一定要面面俱到，但总要有一点，那就是你的闪光点，那就是你不惧不畏、不慌不忙的底气，那就是你能够被爱的自信。

有能力，才更有魅力

关于钟无艳，后世衍生出了许多不同版本的故事，添油加醋，一波三折，都是对这个女人的赞美和叹服。

世人都知道她的丑，但世人都不曾嫌弃过她的丑。

元曲四大家之一郑光祖，写过一出杂剧《丑齐后无盐连环》，又名《智勇定齐》。故事开始于一个梦，齐宣王在某天夜里梦到薮月，上大夫替他解梦，认为他要娶的王后隐于乡村，让他出城围猎，趁机寻访淑女。在机缘巧合之下，出门采桑的钟无艳和追赶白兔的齐宣王相遇了，虽然钟无艳相貌丑陋，但她文武兼备，才能出众，上大夫极力劝齐宣王娶她为后。当时，秦、燕两国对齐国不满，派使者出题为难，让齐国解开玉连环、弹响蒲弦琴，钟无艳不仅机智地解开了两个难题，还故意羞辱使者，挑起战争，而后亲自率兵领队，打败了秦、燕，使齐国高枕无忧。

有本事，有智慧，哪怕没有美貌，她照样闯出了一番天地。谁不把她当成励志的样本？在以男为尊的年代，她的风评不比夫婿差；在三妻四妾的后宫，她始终是正妃。

香港电影《钟无艳》里，钟无艳的故事有了更详尽的面貌和意味。

男主角依然是齐宣王，这个好逸恶劳的贵公子在山中狩猎，邂逅了美丽善武的女寨主钟无艳。两人一见倾心，齐宣王更是许下诺言，要迎娶钟无艳为王后，不料，有只狐狸精从中作梗，因为对钟无艳爱而不得，所以施下“爱情咒”，让她脸上长出难看的红斑，只有断情绝爱，才会消失。

面对突然变丑的钟无艳，齐宣王落荒而逃，而狐狸精幻化为美人夏迎春，入宫为妃，深得宠爱。钟无艳却依然痴心一片，甘为齐宣王南征北战，几次入冷宫、坐天牢、上战场，可惜齐宣王依然嫌弃她的样貌，需要她带兵打仗时，才和颜悦色，一旦战事平息，就冷眼相看。

人人嗤笑齐宣王“有事钟无艳，无事夏迎春”，贪玩嗜赌的齐宣王，甚至把钟无艳当成筹码输给了别人，惹得钟无艳伤心欲绝。

在国破家亡之后，齐宣王终于幡然悔悟，不再拘泥于外貌的美丑，重新追求钟无艳。而此时的钟无艳打破了“爱情咒”，重获美貌，与夏迎春一起陪伴齐宣王，恩爱和谐。

我一点儿也不喜欢这个改编的故事。

钟无艳厉害吗？一个没有生下子嗣的女人，能够在青史留下名字，可见其魅力不俗。即使她得不到男人的倾慕，旁人也看得起她，她自己也看得起自己。

电影的格局反而小了。她怎会因为脸上的红斑，任由旁人嘲笑，自己也厌恶了自己；她怎会无视自己出色的军事才能，心甘情愿让齐宣王作践和差遣。

其实，齐宣王爱不爱又有什么关系呢？他只是一个胆小怯懦、两面三刀的男人而已。她没有半点比不上夏迎春，除了那张脸，她凭什么是被踩在尘埃里的那个？她明明应该是光芒万丈的那个，她几乎以一己之力，撑起了整个齐国。

所以说，哪怕夏迎春是真的，哪怕“有事钟无艳”是真的，那个委曲求全的钟无艳一定不是真的，她根本不会输给一张皮囊。

这个影视化的“钟无艳”，更是折射了很多当代女性，一面喊着男女平等的口号，争取经济和工作的独立，另一面仍然依赖男人，以男人的宠爱来取悦自我、评价自我。事实上，我们大可不必，一个女人的魅力，不是来源于男人甜言蜜语的肯定，而是来源于自己。

就像钟无艳之所以广受好评，只是因为她是钟无艳，而不是因为她是齐国王后。

微疗愈

要做钟无艳，别做夏迎春。前者靠自己的能力养活，后者靠别人的恩宠而活。

有句话说，先谋生，再谋爱，一个女人用什么来谋生？当然是自己的能力，难道靠父母、靠男人、靠朋友？那都是一时的，唯有自己的本事是一世的，那是最大的底气，最强有力的后盾，无论何时何地，都能安身立命。

第十七章

蔡文姬：孤臣发楚调，倾国怨胡笳

——哪怕身在沟渠，记得仰望星空

别畏惧伤口，那是光照进来的地方

如果不是生在乱世，蔡文姬就会过得很幸福，嫁得良婿，士族风流，花好月圆，绝不会有后来的颠沛流离和国破家亡。

蔡文姬，原名蔡琰，字昭姬，因为要避司马昭的名讳，才改为文姬。

她生在一个书香世家，父亲蔡邕是大名鼎鼎的文学家和书法家，精于天文数理，又擅长诗赋文章，还通晓辩论和音律。连一代枭雄曹操都对他刮目相看，引为挚友。

蔡文姬在父亲膝下耳濡目染，自小就聪慧过人，博学能文，再加上相貌秀美，出身清贵，她在名门世家中很有名声。

据说，有一次蔡邕在书房里弹琴，突然琴弦断裂，又脆又响。门外的蔡文姬听了，随口说道："第二根弦断了。"蔡邕惊讶不已，故意又弹断了一根弦，她仍然听了出来，笑说："第四根弦断了。"

她不仅能听音辨琴，还能过目成诵。蔡邕没有儿子继承衣钵，对这个天资聪颖的女儿就格外爱惜，特意为她挑了一门好姻亲，让她远嫁到河东卫家。

卫家是首屈一指的望族门阀，卫仲道是百里挑一的青年才俊，蔡文姬满心欢喜地嫁了。因为都是贵族子弟，性情相投，爱好相近，婚后的他们夫唱妇随，感情很好。

可惜世间好物不坚牢，不到一年的时间，卫仲道就因病而亡。

蔡文姬的幸福和安稳被迫中止了。她年纪轻轻，没有来得及生下一儿半女，孤苦无依，卫家又嫌弃她“克死”丈夫，即使她有心为丈夫守节，以后的日子也不容乐观。

好在魏晋的礼教并不严苛，妇女可以再嫁，蔡文姬不愿忍受卫家的刁难，义无反顾地回到了娘家。

此时的蔡邕正在洛阳，而洛阳已经被董卓掌控。他为了笼络人心，对蔡邕格外礼遇，一日连升三级，拜中郎将，封高阳侯。这种火中取栗的恩宠，让蔡邕不得不心生警惕，他起初并不赞成蔡文姬离开卫家，或许，他已经预感到会有一场大乱，而他希望卫家能给女儿带来庇护。

很快，董卓被王允、吕布所杀，蔡邕也被收监治罪。许多士大夫都站出来为他说情，他自己也上书，请求黥首刖足，等完成《汉史》以后再赴死，但王允不准，仍然将这位大儒斩首示众了。

就在当天，蔡文姬的母亲悬梁自尽，追随丈夫而去。蔡文姬本在家里素服守寡，如今又添新丧。

曾经的安稳和幸福一夕之间崩塌，要知道，对于一个名门娇小姐来说，失去了丈夫和父母，就等于失去了全部的依靠，况且世道如此不太平，蔡文姬要怎么办呢？换作其他的姑娘，或许已经哭哭啼啼，一死了之，但蔡文姬没有这么做，她自小就立志要和父亲一起续编《汉史》，如今父亲蒙难，去世前还惦记着未完成的《汉史》，她要替他完成遗愿。

疼痛能够让人成长，眼泪也是一种灌溉，那些迎面而来的风浪，落在人身上，会水滴石穿地慢慢打磨着人，最终削骨去筋。但是，不要畏惧这种疼痛，它虽然是折磨，却也带来改变。

蔡文姬到底还是坚强的。她少年时，父亲蔡邕特意为她制过一张琴，琴弦是他亲自缫丝而制成。这张琴制成以后，轻拢慢挑，分外凄清。蔡文姬常常弹奏忧愁哀怨之声，好在她却不是忧愁哀怨之人，她就像茧子里的蚕，被重重困境缚住，但她没有结出苦果，而是默默消解了那些痛。

她确实遭遇了旁人难以想象的痛。

父母去世后，蔡文姬独自前往陈留生活，然而，在战乱迭起的东汉末年，哪里有什么安稳日子可过？军阀混战，羌胡入华，在一片动荡和混乱中，蔡文姬竟然被胡人俘虏了，和许多妇人一起被带到了南匈奴。

别说蔡文姬已经没有可以倚仗的人，就算有，这天下大乱的局势，谁又有能力、有精力、有心力来千里迢迢地关心一个弱女子呢？她只能委曲求全，忍辱偷生。

是的，在很多人看来，她选择活着，就是耻辱。一个名门之后，一个满身书香的才女，竟然沦落成胡人的女奴，不知道受了多少羞辱，偏偏还忍气吞声地活着，要是有半点风骨，也应该是宁折不弯的。

但是蔡文姬想活着，从长安到南匈奴，那漫长的路程和羞辱也没有打垮她。在远离故土的地方，在蛮荒的异乡，她嫁给了匈奴左贤王。

那些打不倒你的，只会让你越来越好

蔡文姬在南匈奴滞留了整整十二年。

生活是痛苦的。

就算嫁给了左贤王，也只是落个衣食安稳，她依然是异类。吃膻肉，饮酪浆，睡帐篷……她不得不入乡随俗，努力活得像任何一个普通的匈奴妇人。不，她甚至更艰难。陌生的地方，陌生的语言和陌生的习俗，她亦步亦趋，小心翼翼地融入着，又时时刻刻地清醒着。再也没有长安的繁华，再也没有诗书的风雅，只有旷野上寒凉的夜风，整夜整夜地刮在枕边，也刮在心头。

离开也是痛苦的。

东汉末年分三国，风云际会中，曹操已是天下闻名的枭雄。他迁都洛阳，官至丞相，挟天子以令诸侯。是顾念旧情也好，是扬名立威也好，他给蔡邕修了陵墓，得知蔡文姬还在世，派遣使者不惜远赴匈奴，以黄金千两和白璧一双，迎回了这个故人之女。

能够重新返回故土，这是蔡文姬梦寐以求的事，但此时的她已经为左贤王生下两个孩子，回乡之旅，也是一场母子之别。左贤王不会让她带走孩子，而她也无法忍受继续留下，左右为难，各自煎熬。

她在恍惚中登车而去，这一路，车轮辚辚，琴声凄凄：“我生之初尚无为，我生之后汉祚衰……”稚子无辜，她又何曾做错了什么，不过是世道动荡，容不下小女子的偏安一隅。

这些情真意切的琴曲，被后人整理编辑，成为流传千古的名曲《胡笳十八拍》。

月明之夜，卷芦叶，吹胡笳，满腔哀怨与惆怅。

难怪人人都说，最美不过初相见，世事最初，总是花团锦簇，谁又愿意一而再，再而三地经风历雨，谢了春红。有灰心的，为了避免看到花落，再也不愿意种花；也有再接再厉的，唏嘘之后，在落花成泥的地方，再种出一片姹紫嫣红。

即使被风雨摧残，其实也可以再次绽放，怕什么，那些疼和痛也是一种通向成熟的经验。

十二年的蛮荒生涯，并没有磨去蔡文姬骨子里的才华。因为战乱频发，当时许多世家大族或者搬迁，或者衰败，或者湮灭，而他们所掌控的藏书全部毁于战火。蔡邕就曾经收藏诗书四千卷，结果全部遗失了，曹操听闻消息后遗憾不已。这时，蔡文姬表示，她还能背诵出其中的四百卷，于是她主动默写撰书，凭记忆复制了那四百卷。

对于蔡文姬，曹操既钦佩又怜惜，想到她孤身一人，生活无依，他亲自做媒，把她嫁给了自己的属下董祀。

这并不是一桩良缘。蔡文姬早已过了花样年华，又几次嫁人，身心俱疲，而董祀正是意气风发的时候，一表人才，精通诗书，向来自视甚高，他怎么会喜欢上蔡文姬呢？他只是迫于曹操的授意，勉为其难地娶了她，但不曾真正地接纳她、理解她。

蔡文姬自然心知肚明，她曾经也有过琴瑟和鸣的好姻缘，也明白自己和董祀并非佳偶，如果可以，她大概更愿意一个人安安稳稳地过活。但这是曹操的决定，他把它当成恩宠和施舍，她就得满心欢喜地接受和谢恩。

她是一个什么都没有的弱女子，想要活下去，只能倚仗他的怜惜。

曹操的怜惜是有限的，也是有条件的。在蔡文姬婚后的第二年，董祀获罪，触怒了曹操，被曹操判以死刑，这段本就不尽如人意的婚姻更加摇摇欲坠。

蔡文姬已经不知道，这是人生的第几次波折了。她原以为自己会从贵女到贵夫人，平淡而又富贵地过一生，风雨却一次又一次地扑面而来。

但她还是不想认输，哪怕她历经了太多动乱和分别，哪怕董祀不是理想的如意郎君，哪怕她不年轻了，她还是想再努力搏一搏，为了渴望的温暖和陪伴。

冒着触怒曹操的危险，蔡文姬冲到了丞相府。曹操正在大宴宾客，席上坐满了公卿大夫和文人墨客。他听说蔡文姬求见，带着几分得意说："蔡邕的女儿就在外面，你们应该都听过她的才名吧，今天就让你们见一见。"

她出现在众人面前时，光着脚，蓬着发，可怜而又可惜，在座的宾客都惊诧不已。或许也是失望的吧，以金璧换回来的才女，名动天下，就应该风姿过人，才担得起口口相传的名声。如今见到落魄的蔡文姬，难免有些名不副实的遗憾和怜惜。

蔡文姬只能借着这点怜惜，跪下来，哀哀地请求曹操。曹操起初并不愿意："你确实值得同情，但我下的令书已经发出去了，还能怎么办呢？"蔡文姬叩头恳求："我知道您养了许多宝马良驹，能够日行千里，您可以派人骑马去追回令书。为什么吝惜一匹宝马，而不愿救回一条命呢？"

其实她哪有立场和权利来要求曹操，她只是故人之女，他当初救她、为她赐婚，已经做足了面子情，并没有义务要再次帮她。她明明知道，但不得不站出来，如果董祀死了，她后半生必定晚景凄凉。

曹操听完以后，赏赐她鞋袜，然后派人快马加鞭，追回了令书，董祀得以留下性命。

从此以后，蔡文姬才算真正过上了安稳日子。董祀感念她的恩德，对她敬重有加，夫妻两人远离官场，在洛水边隐居终老。

微疗愈

有才的女子那么多，要修炼成一个蔡文姬并不容易。

她实在吃了太多苦：新婚守寡，少年丧父，战乱被俘，改嫁匈奴，骨肉分离，被迫再嫁……每一步，都是一道坎坷，但她一一跨过来了。

哪怕在最艰难的时刻，也没有放弃自我。

人间一趟，大大小小的磨难，就像绊脚的石块，如果不被它打垮，它反而会成为你的垫脚石。

第十八章

柳摇金：章台柳，昔日青青今在否？

——勇敢去爱，不怕伤害

斯人如彩虹，遇上方知有

这是一个唐朝天宝年间的爱情故事。

男主角自然是才子。大唐是不缺才子的，潇洒如李白，沉郁如杜甫，绮丽如李商隐，多情如白居易，风流如杜牧，妩媚如韩翃。

和其他鼎鼎有名的诗人相比，韩翃不算出众，但他位列“大历十才子”，在夕阳余晖般的晚唐，也小有几分才情。他最为人知的是那句“春城无处不飞花”，一派明媚，景色旖旎，可见他是个内心有情的男子。

韩翃年轻时就很有才名，尽管家境贫寒，没有功名在身，却也结交了很多名士。

有一年，他滞留长安，认识了一位李姓朋友。这位李生家财万贯，最喜好以文会友，因此对韩翃非常推崇，常常邀请他来家中饮宴，高谈阔论，诗歌唱和。

这时，故事的女主角便登场了。

李生家中养了许多漂亮的歌姬，那是当时的风尚，越是显赫的达官贵人们，越是喜欢蓄养家姬，个个容色艳丽，能歌善舞。她们并不都是主人的妾室，而更像是一种用来摆设的工艺品，尤其是有客人上门时，她们便能发挥作用，在宴席上献舞卖艺、捧杯斟酒，或是直接供人点评欣赏。

柳姬无疑是一个极其出色的家姬，能歌善舞，明艳动人，连史书都称赞她“绝艳一时”，想必她确实美到艳冠群芳。可惜，她的身份和她的美貌截然相反，一个地位卑贱的家姬，只是主人的玩物而已，甚至随时有可能被转手送人，还不如平民小户的穷丫头。

因为她连自己的命都做不了主，更别提爱和自由。

但是爱情就像随风而落的种子，无论沃野还是荒土，无论晴天还是雨水，时机到了，自会春心萌动。哪怕在淤泥里，也会不管不顾地生出莲花，身如淤泥贱，情如莲花清，谁也无法阻挡。

柳姬一眼就相中了韩翃，毫无悬念地爱上了他。

在她卑微的生命里，她其实来来往往见识过许多人，王孙贵族、朱门子弟、将相才子、富贵闲人……在这些人跟前，她只是一道用以取乐的下酒菜，但这并不妨碍她拥有自己的感情，即使这会招来无穷的祸患。

她贫穷，她平凡，她没有爱一个人的权利，可是，她有爱一个人的能力。

每当韩翃到李家做客，柳姬都会出面献舞，目光所至，总是追随着那道身影。一来二去，韩翃自然留意到了，也悄悄心动了。美人青睐，没有文人会不喜欢，尤其是怀才不遇的文人，因为他们会把这种青睐当成一种奇货可居的肯定，从而自我满足。

然而，韩翃犹豫，他还没有功成名就，拿什么成家立业？况且她是朋友的家妾，以他落魄的处境，实在不知道该怎么开口讨要。

相比之下，柳姬的喜欢更直白而热烈，当着李生的面，她也会毫不顾忌地赞美："韩秀才虽然现在落魄，但是绝对不会久居人下。"

多么大胆！如果她的主人不快，随时能鞭笞或发卖她，哪怕她只是一个玩物，但有几个主人能容忍自己的玩物生出异心？

柳姬却不怕，或许她是害怕的，但对爱情的渴望战胜了这种害怕。

谁能阻止爱情的发生呢？它是荆棘丛中开出的花，理智告诉你不要触碰，那些刺会带来伤害和疼痛，会刺破手掌心。然而，你真的就此放手吗？那些花儿藏着无尽的暗香。

柳姬的勇敢没有白费，大唐容得下一对痴男怨女，上天也乐意成全，有情人终成眷属。

面对柳姬明目张胆地动情，李生选择了成全，他爱朋友胜过爱美人。他特意置备了一桌酒席宴请韩翃，酒酣耳热之时，对韩翃说："秀才当今名士，柳氏当今名色，以名色配名士，不亦可乎！"

才子配佳人，我知道你才高八斗，而我凑巧有美人如玉，不如就此成就一段佳话。

慷慨狭义的李生不仅撮合两人，结成良缘，还送了三十万钱财，供他们安家置业。

失意的才子，慧眼识珠的佳人，仗义相助的朋友，这正是典型的中国爱情故事。当然，它也有一个典型的大团圆结局。

就在韩翃娶妻的第二年，他顺利地考上了进士，用实际行动证明，柳氏也好，李生也好，确实没看走眼。

到了这时候，该有多少家姬羡慕柳姬的勇敢，她无畏地奔向自己的爱情，而后，爱情回馈给她的是甜美和愉悦。

事实上，爱情就像一种投资，它永远存在被辜负、被伤害、被遗弃的风险，但它的回报也是惊人的：不离不弃的守护、心有灵犀的懂得、白头到老的陪伴。

如果你害怕风险，那也意味着会失去回报。

去爱，就像不曾受伤一样

爱情，需要几分大无畏的勇气，因为不怕痛的人，才能摘到玫瑰。

柳姬就是那样的人。

在高中进士后，按照当时的惯例，韩翃要回乡省亲。于是，他把柳姬留在长安，独自踏上了返乡之路。

本以为这只是情人之间的小别，很快就会迎来重逢，但谁也没有想到，就在这个时候，安史之乱爆发了。在动荡不安的世道里，有情人都是雨打浮萍，风吹柳絮，个个身不由己。

长安正兵荒马乱，柳姬身为一个柔弱女子，本来就处境危险，更何况她还如此美貌。她依然还痴痴地等着韩翃，明明在那样凶险的局势下，她可以选择依附于王孙贵族，求得一处安身之所，但她没有。

结发为夫妻，生死不相负。她沉默地剪去了长发，穿上了缁衣，在法灵寺出家为尼。她当然不是看破红尘，这只是乱世里一条迫不得已的求生之路。

此时的韩翃，则流落到了青州，被淄青平卢节度使招为掌书记。他当然也惦记她，但这份惦记不及她的思念纯粹和深刻，他一直以来就郁郁不得志，如今好不容易有了机会，一路的风尘和奔波里除了艰辛，还有蠢蠢欲动的野心。

这大概是男人和女人天生的不同。

他们分别了整整三年，当局势渐渐稳定下来，韩翃派人带了一绢布口袋的散碎金子，到长安打听柳姬的下落。绢布上，是他亲笔手书的一首诗："章台柳，章台柳，昔日青青今在否？纵使长条似旧垂，也应攀折他人手。"

金子是给她的弥补，诗是给她的诀别。

青青恰如章台柳，往日的美丽和柔情是否还在？可惜啊可惜，即使你美丽一如往昔，恐怕也已经另有所属了吧。

这个男人连斤斤计较都那么温柔。分开那么久，世道那么乱，他跟随行伍，比谁都知道一个弱女子谋生的不容易。所以，他压根儿就没有想过她会守身如玉地等着，哪怕她做到了，恐怕他也不信。

好在他并没有苛责，他也能够设身处地的理解，他问一句"昔日青青今在否"，多少还带了点良心，没有一言不发地嫌恶与背弃，而是投石问路地试探。他算负心吗？当然不算，只是比起她的诚心诚意，多少有些配不上。

收到金子和信的柳姬，心里该有多么难过！她还活着，依然怀着对他的爱意，而他却对她抱着猜忌。更让人难过的是，他的担忧和质问是真的，她在法灵寺也没能躲过灾乱，番将沙咤利竟然强行掳走了她！

柳姬泪如雨下，给韩翃回了一首诗：“杨柳枝，芳菲节，可恨年年赠离别。一叶随风忽报秋，纵使君来岂堪折！”

秋风无情，摧枝折叶，我已经不是从前的模样，即使你我有缘重逢，我又哪里还有资格再陪伴你左右呢！

表面上，这是她含泪婉拒，暗地里，何尝不是她的自卑与无奈。不是她真的觉得前缘难续，不是她真的自艾自怜，不是她真的认定自己没有资格了，她是害怕他心里是这样想的。

她虽然过着锦衣华服的生活，但她仍然惦记着他。

机会终于来了，有一天，韩翃在长安城信马由缰，柳姬乘坐豪车路过，匆匆一面，连忙叫了他的名字，两人这才搭上话。

得知柳姬是被沙咤利掳走了，韩翃既愤怒又无奈。安史之乱的平定，在很大程度上借助了番邦的力量，所以当时的番将很有地位。这个沙咤利就是番将，刚刚才立下大功，韩翃拿什么去和他争呢？

他终究还是念着她的，整日失魂落魄。刚好这天，淄青节度使属下的武将们在酒楼聚会，也拉上了韩翃，众人都忙着喝酒作乐，唯独他形容憔悴。武将们忍不住好奇地追问，韩翃把事情的来龙去脉讲了一遍，长吁短叹，为情所恼。

这时候，一位名叫许俊的少年将领站了出来，豪气冲天地说道：“这件事，我来办！麻烦韩兄写几个字。”

韩翃写了字，许俊一身胡装，飞身骑上一匹马，直奔沙咤利的府邸。正巧沙咤利出了门，他如法炮制，学着沙咤利先前的作风，竟然将柳姬掳出了府。

见了韩翃的字，柳姬自然愿意跟他走。不多时，她就被带到酒楼，终于见到了韩翃。两人喜极而泣，武将们也为之欢呼，但这件事毕竟牵涉重大，众人在商量之后，找到了淄青节度使自首。

没想到淄青节度使也是一个有情有义的人，他拍掌笑道：“这么急公好义的事，应该我来做呀，怎么让许俊这小子占了先！”他立刻给唐代宗上书，陈述了事情的始末，状告沙咤利夺人所爱，不义在先。

唐代宗深受感动，当下就将柳姬判给了韩翃，赏赐沙咤利二百万钱以作补偿。至此，这个荡气回肠的爱情故事终于有了花好月圆的结局。

章台柳，章台柳，每次读起，都不免生出感叹。情不知所起，一往而深，虽九死而不悔，有这样的诗词，有这样的故事，才让人又相信了爱情。

微疗愈

杜拉斯有句话说得好，爱是疲惫生活里的英雄梦想。

爱会带来喜悦、幸福、快乐和满足；会让春风化雨，铁树开花；会让你遇见自己的灵魂。但爱也会生出惶恐、嫉妒、不安和背叛；会让飞蛾扑火，兰因絮果；会让人言不由衷，身不由己。

爱是好的，爱也是坏的。

不要因为害怕爱的消极面，而不敢开始一场心动，那会错过许多惊艳。

第十九章

万贞儿：国破家亡梦方醒，原来红颜是祸水

——幸福不问出身，快乐都要自找

有欲望的人，才会活得漂亮

你有没有过这样的情绪?

原本，你过得很知足，生活是平静的，工作和爱情是平淡的，身边来来往往都是平凡的。你觉得没什么不好，偶尔心里会有一个念头：或许我可以是不平庸的，但很快就一闪而过了，因为大家都在这样热热闹闹地过着。

只是突然某天，某人就从一地鸡毛里挣脱了，仿佛鹤立鸡群。她的经历被当作传奇，她被当作励志模范，她的一言一行都被当作教材，大家都跟风似的叫好、追捧、盲从。明明不久之前，她还是你们当中的一员，还是普通得不能再普通，可能是你的朋友、同事、邻居甚至是你的姐妹，突然之间，她就不一样了。

你也知道她是个好姑娘，可你仍旧会不由自主地想：我认识她呀，她其实没有多么了不起吧，她和我差不多啊。

这种时隐时现的情绪，就像埋在菜盘子里的一粒花椒，你无心留意，有时不小心咬到了，才会突然中招，又麻又辣，呛人落泪。

这种会痛会痒的情绪，叫作嫉妒。你嫉妒的不是她的光鲜体面，不是她的功成名就，而是“我也可以”的事实。我也可以啊，为什么我却没有做到呢？在她做到之前，我甚至想也不曾想过。

或许，你离想要的生活，只差了一份野心。

在明朝万历年间，万贞儿就是所有宫女羡慕的对象。

最初，她只是一个普通的宫女，可能还是所有宫女中地位最卑贱的，因为她没有任何可以依附的家族势力，她的父亲是一名戴罪小吏。

万贞儿原籍青州诸城县，父亲是县衙掾吏，后来，家中亲眷犯罪，他们受了牵连，被贬谪到了霸州。

或许是因为霸州苦寒，全家人的日子太艰难；或许是因为她生为女孩，生来就不被重视，家中的男儿更珍贵；或许是博一条渺茫的出路。总之，她的父亲托同乡帮忙，把她送到了宫中。

那一年，万贞儿四岁。

她是在掖庭长大的，学规矩、做苦工、挨打、受罚……这些都是家常便饭。深宫红墙里，到处都是钩心斗角和阴谋算计，谁也不知道，年幼的小宫女遭受了多少腥风血雨。

她很幸运地长大了，乍一看，和其他宫女没什么不同：年轻水嫩，机灵懂事，又循规蹈矩。

明朝时的宫女，数量是史上最多的，一批又一批如花似玉的小姑娘，消磨了青春，失去了自由。如果运气好，熬上三四十年，或许能赶上一次放出宫女回乡的特旨。这当然是极小概率的事，大多数的宫女都是悄无声息地老了、死了、埋了，而那些心有不甘的，便铆足了劲儿要搏一搏，当个女官也好，当个嫔妃也好，生前死后，至少留得下姓名。

哪怕人人都知道，风光荣华付出的代价，就是脚下无数的风险。

万贞儿是不甘认命的，她从什么都不懂的女奴，成为孙太后身边的大宫女，掌管孙太后的服装衣饰，一步步靠近了权力中心。

她正在最鲜嫩的年纪，伶俐又可人，就像一株娇俏的花，等着雨露滋润。如果不出意外，她有各种办法往上爬，在尚衣的位置上更进一步，或者干脆借着太后的恩宠去接近皇上，可是朝局动荡，打破了她的青云路。

一场“土木堡之变”，英宗朱祁镇竟然成为瓦剌军的俘虏，眼看着江山不保，孙太后当即拥立英宗的弟弟朱祁钰为皇帝，还同时拥立英宗的儿子朱见深为太子。本是形势所逼，等击退瓦剌军之后，矛盾就渐渐浮现了：叔叔当皇上，侄儿当太子，到底是隔了一层血亲，双方都不放心彼此。

为了保护小太子朱见深，孙太后便派遣自己身边的宫女去照顾他，万贞儿就这样被选中了。

这其实不是什么好差事。朱祁钰虽然是个好皇帝，但谁也无法保证他会是个好叔叔，万一他不愿意把皇位还给侄儿，他有无数办法对付年仅两岁的小太子，而小太子的身边人自然也难以保命。

可是富贵险中求啊，在明知小太子势力薄弱的情况下，万贞儿也没有轻易放弃这个升职加薪的好机会。他只有两岁又如何？他会是未来的皇帝，而她会是功不可没的功臣。

那一年，万贞儿十九岁。

你离想要的生活，只差一个野心

万贞儿对小太子朱见深有多好呢?

朱见深五岁的时候，他的父亲英宗突然被瓦剌人放回来了。龙椅只有一把，怎么容得下两个人？偏偏他的叔叔将国事打理得井井有条，不管是叔叔本人，还是朝臣们，都没有要把皇位还回去的意思。

于是，朱见深被废了太子之位，和父亲一起被囚禁在南宫里，衣食无缺，却再无尊荣。

陪在他身边的，只有万贞儿。

这就是一场豪华的赌博，在风起云涌的宫斗之中，她勇敢地站到了朱见深的队伍里，哪怕这个队伍看起来如此薄弱。她是保姆，照顾他衣食住行；她是母亲，朝夕相处，弥补他自小和生母分开的遗憾；她也是老师，教导他谨慎和低调；她还是玩伴，是唯一能陪伴他玩乐的对象……

偌大的宫墙里，那么多的宫女，其他人都选择了明哲保身，轻松而没有性命之忧，只有她一个人，默默地走着一条艰难的路。

那一年，万贞儿二十二岁。

终于，朱见深的父亲成功发起宫变，再次登上皇位，而他这个被废弃的皇子也再次成为太子。

多年的幽闭生涯里，朱见深养成了内向的性格，还留下了结巴的毛病，也并不轻易相信旁人，唯独对万贞儿，他不仅信任有加，还视为珍宝。

他怎么会不喜欢万贞儿呢？她几乎一手养大了他，她融合了母亲和情人两种身份，既包容他所有的顽劣和不堪，也撩拨他懵懂的温柔和情怀。他无法斩断这种相依为命的感动，况且，在他漫漫的少年岁月里，他身边只有这个女人，她是唯一的。

也许对万贞儿来说，这前半生的敬业是一种不得不为之的求生和豪赌，但在朱见深眼里，这无疑是一份忠心耿耿的情爱。

从这以后，万贞儿的宫女生涯轰轰烈烈地结束了。

朱见深十八岁时登基称帝，他做的第一件事，就是要立万贞儿为皇后。他的生母周太后极力阻止，万贞儿不过小她一两岁，如何能做自己的儿媳？她从名门望族里挑选了两位淑女，一个是吴氏，一个是王氏，负责婚事的司礼监说："我看这两人姿貌相当，分不出谁更美丽，比较起来，似乎吴氏更为贤淑。"

无奈之下，朱见深便册封吴氏为皇后，册封万贞儿为贵妃。

那一年，万贞儿三十五岁。

她一跃成为整个后宫的传奇，所有人都瞠目结舌，不曾想一个卑微的宫女竟然飞上枝头变凤凰，得到帝王的专宠。

那是真正的专宠。他给她最豪华的宫殿，置办最精致的衣物和器皿，搜罗各地进贡的奇珍异宝，就连她的家人，甚至那些同姓的乡亲，都得到了封荫和赏赐。

宫中人人都要讨好巴结万贞儿，出身高贵的吴皇后也不例外。吴皇后和朱见深大婚之后，丝毫没有分走万贞儿的恩宠，相反，朱见深依然对万贞儿宠爱有加，两人如漆似胶，形影不离。年轻气盛的吴皇后又羞又恼，暗自嫉恨万贞儿，于是仗着皇后的名位，对万贞儿动用了杖刑。

朱见深很快知道了这件事，看到万贞儿身上的杖痕，他勃然大怒，立刻发誓道：“这样泼辣的妇人，我如果不把她废除，誓不为人！”

第二天，朱见深就找到两宫太后商量，坚持要废除吴皇后。周太后从中劝阻：“册后才一个月就要废除，岂不是惹人笑话？”但朱见深坚持己见，不仅颁布了废后诏书，还把当初认为吴氏贤淑的司礼监罚去孝陵种菜。

为了不让万贞儿再受欺侮，朱见深不愿意再立皇后，周太后便下旨册封了王氏，因为王氏性情软弱而谨慎，不会处处针对万贞儿。果然，王氏入宫后，几乎如同隐形人，尽管她年轻貌美，朱见深却很少宠幸她，万贞儿仍然是后宫中的翘楚，风头无两。

成化二年，万贞儿生下了皇长子，朱见深大喜。他几次意图废除王皇后，改立万贞儿，无奈太后不同意，于是，他便册封万贞儿为皇贵妃，又立她新生的儿子为太子，还派出使者四处祷告山川诸神。

这一年，万贞儿三十七岁。

其实，万贞儿年长朱见深十七岁，随着时间的推移，她已渐渐老去，比不上后宫许多宫女嫔妃，但偏偏是她，得到了朱见深一辈子的宠爱。

谁能想到呢？当年那些宫女肯定都没有想到。宫里漂亮的人那么多，聪明的人那么多，身世显赫的那么多，她们只是小宫女而已啊，凭什么能成为人上人？怎么会成为人上人？

当你想都不敢想的时候，你注定无法实现。

万贞儿敢想，也敢为了所想去拼，所以她赢了。

她的孩子只活了一岁就夭折了，从此之后，再没生下个一儿半女，但朱见深对她的宠爱没有减少半分。民间总是谣传万贞儿毒害后宫，残杀朱见深的子嗣，尤其是孝宗朱佑樘，据说，孝宗还在生母腹中时就被万贞儿下毒，出生以后，更是被偷偷养在冷宫，因为老太监的庇护才躲过一劫。

事实上，朱见深对万贞儿极其信任，孝宗的生母不受宠爱，他六岁以前一直生活在宫外，被接进宫后，朱见深把他交给了万贞儿养育。

他那时已经年近四十，其他子嗣陆续夭折，这是他唯一的儿子，但他毫不犹豫地交给了她。

这世上，再也没有其他人能得到他这样的信任和爱重。

万贞儿因病去世时，朱见深号啕大哭，一边哭，一边喊："贞儿不在人世，我也命不久矣。"

果然，没过几个月年仅四十一岁的他就追随万贞儿而去。

那一年，万贞儿五十八岁。

微疗愈

没什么好羞愧的，我们都想变成更优秀的人，我们都可能变成更优秀的人。

每个咬牙努力的女孩其实很可爱，哪怕被嘲笑是白日做梦。

正是“想要过得更好”的欲望，推着我们一步步往前走，有什么丢脸的？大不了，我们赤手空拳地拼。

第二十章

朱淑真：宁可抱香枝上老，不随黄叶舞秋风

——遇到渣男，及时放下

挥别错的，才能和对的相逢

或许，每个情窦初开的少女，都曾经幻想过自己的另一半。

他的眉眼，可能是濯濯春月柳；他的声音，可能是清泉石上流；他的笑容，可能是玉树临风前；他的风度，可能是陌上人如玉。甚至他的姓名，可能都一笔一画地写在了春闺梦里。

就像那个如花年华的杜家小姐，在某个春光明媚的午后，她走进了自家花园，看见了一场姹紫嫣红，于是，便梦到了一个合心合意的郎君。醒来以后，她依然念念不忘，立誓说：他年傍得蟾宫客，不在梅边在柳边。

我将来要嫁的人，他是个书生，不姓梅就姓柳。这满腔莫名而又笃定的情意，让杜丽娘生生死死，唱尽一曲传奇《牡丹亭》。

那不是梦啊，那是对爱情的幻想和刻画，所谓的梦想成真，也是对爱情的如愿以偿。

可惜朱淑真没有这样的好运气。

从少女时代开始，朱淑真喜欢的就是白面书生，花前月下，耳鬓厮磨，可以有西厢共读的旖旎，可以有巴山夜话的温情，可以有赌书泼茶的雅趣，可以有诗词唱和的融洽。

但她偏偏嫁给了一个汲汲营营的官吏。

朱淑真出身于官宦世家，家境优裕，父亲是宋朝大儒朱熹的族弟，因此，他虽然官做得不大，却继承了几分读书人的风气。朱淑真是家中长女，自幼就聪明灵秀，在父亲的耳濡目染之下，她饱读诗书，出落成一个蕙质兰心的才女，在浙江当地很有名声。

有一次，父亲花重金买到一幅《璇玑图》，相传那是才女苏惠所制，用八百四十一个字排成方阵，织成锦帕，当时的人都啧啧称奇。父亲把这幅图送给朱淑真赏玩，她一下子沉迷其中，吃饭睡觉都带着这幅画，几天之后，她就参透了《璇玑图》的奥妙，根据锦帕不同的经纬，组合成不同的诗句。

她的聪慧让人惊讶，十三四岁时，诗词已经写得极其出色了。不仅如此，她还擅长绘画，尤其擅长画红梅、翠竹，明朝大画家沈周写诗称赞："绣阁新编写断肠，更分残墨写潇湘。"

就像好看的人才配拥有青春一样，美丽而聪慧的女子才配拥有传奇，而朱淑真没有辜负这分期许。

朱氏一门最讲究"存天理，灭人欲"。在严苛的教条之下，朱淑真并没有变成一个循规蹈矩的封建淑女，相反，她性情活泼率真，对生活和爱情始终怀着热忱。

"初合双鬟学画眉，未知心事属他谁？""待将满抱中秋月，分付萧郎万首诗。"

很难想象，这样生动而大胆的词，竟然是出自闺阁女子之手。外人见了，恐怕要面红耳赤吧，然后骂上几句不知羞耻。

然而，这却是朱淑真的真实心理。

我已经是大姑娘了，开始梳双髻，学着画蛾眉。不知道会是哪位少年郎，能够住进我心上，让我在中秋月圆的时候，写下一纸又一纸的相思，暗暗寄给他。

她是多么坦诚，又是多么热烈，在心里千回百转地期待着爱情的降临。

这些小儿女的心思，父母是不理解的，礼教也是不允许的。眼见着朱淑真到了待嫁之年，她的父母便做主，定下了一门婚事，对方是他们精挑细选的一个小官吏，虽然官做得不大，为人却很上进，在官场颇有些手段，前程似锦。

这样的人不是不好，却不是朱淑真所喜欢的。

在出嫁时，那张红盖头下还藏着甜蜜而隐晦的期待，期待自己能和夫婿心心相印，但她很快就失望了，她的夫婿只醉心于名利。

婚后的生活乏善可陈，他对她也算尽心，锦衣玉食地供养着，相敬如宾，可惜这些不是她想要的。其实她要的也不多，一点嘘寒问暖的关怀，一点心有灵犀的情意，这些又是他不屑、不愿、不上心的。

于是，他的仕途越来越顺，她的日子却越过越苦闷。她暗暗抱怨："此愁此恨人谁见，镇日愁肠自九回"，他看到了，心里更加不解，也更加恼怒。她之于他，可能就是个不识好歹的妇人，衣食无忧，又光鲜体面，成天还唉声叹气什么呢。

他们完全不是一路人。

她在生活中饶有情趣，立春时节，会用彩纸剪成各色花样，挂在园子的柳枝梅树上，他却笑话她像个小孩子；她也会折下梅花枝，簪在发边，他却不懂得欣赏。

他辗转在外地做官，她也试图做个知情识趣的好妻子，嘘寒问暖，鸿雁传书。可是，她寄一封情意绵绵的“圈儿词”，他却根本读不懂那些圈圈点点，她要额外再附上一封信：“相思欲寄无从寄，画个圈儿替。话在圈儿外，心在圈儿里。单圈儿是我，双圈儿是你。你心中有我，我心中有你。月缺了会圆，月圆了会缺。整圈儿是团圆，半圈儿是别离。我密密加圈，你须密密知我意。还有数不尽的相思情，我一路圈儿圈到底。”

满纸都是深情，寄到他跟前，却是对牛弹琴。

不要用别人的错误惩罚自己

一段糟糕的婚姻，足够拖垮一个鲜活的女人。

朱淑真渐渐褪去了曾经的活泼和开朗，在相敬如宾的夫妻关系里，她完全找不到可以倾诉的对象，满腹的心事，只能一字一字地写在纸上。写出来，那也都是哀愁和伤感，都是实实在在的闺怨。

“独行独坐，独唱独酬还独卧。伫立伤神，无奈轻寒著摸人。”

这首题名《春怨》的词，几乎就是她的真实写照。春天来了，满园的桃红柳绿，如此良辰美景，她却是独自一人。

背道而驰的性情，本就让夫妻生出隔阂，而分居两地的孤独，更是让两人渐行渐远。

朱淑真哭过，怨过，也挣扎过，种种苦悲，化作笔端的词，无奈这些词也限于闺阁之中，无人读，无人懂，来来回回，依然只得她一人伤心。

难道后半生就要如此虚度？再熬上几年，生下一儿半女，在深深的庭院里消磨并老去？朱淑真不愿意，她趁着夫婿在外地做官时，独自回到了娘家。

有史料表示，她和夫婿从此开始漫长的分居生活，甚至双方有可能已经和离。

时人并不反对妇女再嫁，但对于和离和改嫁，他们始终还是带着有色眼光。朱淑真回到娘家后，虽然被父母大度地接纳了，然而并没有被父母真正的理解，他们或许发自内心地疼爱这个女儿，但他们想不明白，为什么这好好的日子会过不下去，想来想去，就生出了一些埋怨和责备。

都说女子无才便是德，朱淑真的父母既伤心又自责，他们觉得诗词误人，不愿意再看到女儿读书作词，只希望她安分守己地过日子。但朱淑真没有这样做，她骨子里依然是那个大胆的怀春少女，婚姻的不如意，也没有浇灭心头那分热烈。

过去的不幸，怎么可能阻止对未来的憧憬？

她遇到了一个有情郎。大概是个温润如玉的公子，知书识礼，才华横溢，仿佛是上天赠予她的良人，处处都合心合意。

她又轰轰烈烈地爱了一场。

有时，他们趁着元宵佳节相会，“月上柳梢头，人约黄昏后”。花市灯如昼，琼枝银花一树又一树，香车宝马来来又往往，年轻的男女都走上街头嬉笑玩乐，而他们躲过热闹的人群，偷偷互诉衷肠，山盟海誓。

有时，他们在湖光山色相会，“娇痴不怕人猜，和衣睡倒人怀”。荷花映日红的时候，湖中红翠交织，岸上游人如梭，偏巧又赶上了一阵细雨，他们借着躲雨的名义，悄悄携手走开，相亲相昵，你侬我侬。

有时，他们月夜相会，“但愿暂成人缱绻，不妨常任月朦胧”，西厢夜话，情意切切。

这份感情热烈而又无法见光，或许是碍于朱淑真弃妇的身份，或许是对方已有妻室，或许是门第相差太多，或许是朱家压根就没有想过让这个归家的女儿再嫁，总之，他们只能暗中来往。

然而，爱情是无法隐藏的，尽管朱淑真在诗词里百般隐晦，这段恋情还是被发现了。更糟糕的是，她的情郎迫于压力，背弃了她。

明明是两情相悦，因为男主角的落荒而逃，就成了一出不守妇德的悲剧。朱淑真再一次被推到风口浪尖，旁人都用异样的目光打量她，茶余饭后，笑话她放浪形骸，指责她败坏家族名声，连父母都不原谅她。

她的每首诗词，都被视为满口淫荡，而她的情郎不知去处，也许早就远远地逃了。舆论都砸在她一个人身上，对她的打击可想而知，不仅爱情破灭了，她最为珍视的文墨也被轻视和践踏。

此时此刻，朱淑真是该泪流满面，还是恍然大悟?

这一次，她怯懦了，失去了重来的勇气和信心，她选择了投湖自尽。

这个惊世骇俗的女子，在离开时，也选择了这样惊世骇俗的方式。据说，朱淑真死后没有“葬骨于地”的资格，大概是她投湖的举动太过出格，大概是她损坏了名声。

她父母无疑是伤心的，在杭州青芝坞为其立了冢；但她父母也是痛恨的，在女儿死后，一把火烧了她所有的诗词作品。

微疗愈

有个词叫遇人不淑。

其实，每个姑娘的生命里，总有那么几个不合时宜的人会出现。一个教会她流泪，一个带给她风雪，一个赠予她毒药。

他们会轰轰烈烈地惊艳，留下实实在在的痛，但不管是惊艳还是痛，都只如过客。

那些人，就像一些坎，只要跨过去，前路还很长，前方的人还很多。

第二十一章

苏蕙：易挑锦妇机中字，难得玉人心下事

——越成熟的稻穗，越懂得低头

要学会争，也要懂得忍

如果发现爱人变心了，你会怎么做?

是怨天尤人地痛哭？是咬牙切齿地怨怼？是歇斯底里地争吵？还是心灰意冷地放下？这种种情绪，苏蕙全部经历过，然后，她选择了主动求和。

是不是听起来很丢脸？可是，她赢回了自己的丈夫，赢来了白头偕老。

苏蕙，又名苏若兰，出生于陕西武功县，家境富实，父亲做着不大不小的县令。她是家中的第三个女儿，也是最出色的女儿，她就像她的名字那样，身心如蕙兰之幽，品性如蕙兰之洁。

她天资聪慧，三岁能写字，五岁能读诗，七岁能作画，九岁能刺绣，十二岁能织锦。到了及笄之年，苏蕙已经是当地赫赫有名的才女。她又生得好看，姿容美艳，楚楚动人，上门提亲的人络绎不绝。

她尤其擅长织锦，不管是飞禽走兽，还是花鸟鱼虫，在她高超的技艺之下，都绣得栩栩如生。再加上她蕙质兰心，将书画的艺术之美融于其中，又为织锦添了许多神韵。当时，远乡近邻为她的妙手所倾倒，惊叹不已，将她视为神女，将她的织锦作品传为神品。

苏惠的父亲一心想为女儿挑个好夫婿，即便许多豪门望族有意结亲，他也开口婉拒了。但什么才叫好夫婿呢？是身居高位，家世显赫？是貌若潘安，风度翩翩？是出口成章，才华横溢？还是温润如玉，温柔多情？或许，每个爱女心切的父亲都更看重品性，而每个情窦初开的少女都更看重感觉。

苏蕙第一次遇到窦滔的时候，就认定了他是自己的良人。

那天，她去参加庙会，在寺旁的山湖，刚好就遇上了那个英武的少年。他穿着锦袍，正在搭弓射箭，箭法精妙，不仅能射中天上的飞鸟，也能射中池里的游鱼。

窦滔本就是名门之后，年少有为，长得也是英姿勃发，苏蕙和父亲都很满意，两家很顺利地订下了婚事。

婚后，苏蕙和窦滔有过一段甜蜜的好日子，毕竟是少年夫妻，情意缠绵，哪怕有些小摩擦，也很快消弭了。他怜爱她貌美如花，她仰慕他文韬武略，两人就像所有的恩爱夫妻那样，许下了白头偕老的誓言。

嫁给爱情的人，总是幸福的，那就好像是在疲惫生活里实现了自己的梦想，即便你的梦想没有什么价值，但这种成功终归是鼓舞人心的。

头几年，苏蕙一直生活在这种幸福感里，直到窦滔被判罪流放。窦滔深受苻坚信任，屡建战功，当时已经是秦州刺史，他却得罪了小人，遭到谗言陷害，这才有了夫妻分离的祸事。

临别之前，苏蕙握着窦滔的手立誓：她一定会等他回来，至死不改嫁，也绝不变心。窦滔感动不已，同样立下了忠贞不渝的誓言。

她是真心实意的，他也没有弄虚作假。誓言和谎言只有一字之差，大多时候，那些滚烫的字眼在说出口的瞬间都是发自肺腑，当事人也是诚诚恳恳地等着兑现。

窦滔自己也没有料到，在流放敦煌的日子里，他会遇上一个叫赵阳台的歌姬。

原本只是宴会上的偶遇，这样的宴会实在太多了，叫上几个清闲的官员，招来几个能歌善舞的姬，既能解闷，又能打发时间，这是再平常不过的事。

赵阳台就是一个标准的歌姬，娇媚动人，身份卑微，但她性子极其伶俐，善于献媚讨好。窦滔正是仕途不得志的时候，独自在敦煌这个苦寒之地，不免心情苦闷，赵阳台的温柔情意便让他非常享受。

一来二去，赵阳台就成了窦滔的宠妾，他们成双入对，恩爱有加。

这世上最蛊惑人心的，永远不是未得到，而是得到后又失去。如果不曾见识过生死相随的缠绵，你也许会选择将就，相敬如宾或同床异梦地过一生。可是，但凡你尝过了那个男人的甜头，恋上了他的温柔，在他换上一副礼貌的面孔时，哪怕你明明知道，守着这份礼貌也是能活下去的，你却无法接受了。

至少，苏蕙是无法接受的。

懂得低头，方能出头

在古代，妻妾是有着严格区分的，不管是地位、待遇还是名分上，妻子无疑占据更多优势。但爱情是无法区分的，如果可以，哪个女人愿意和小妾分享自己的丈夫？如果失去了爱情，守着那些名分和待遇有何意义？

抱着这样的念头，苏蕙和窦滔陷入了冷战。

也可以说，这是苏蕙单方面的冷战，收到丈夫纳妾的消息后，她曾经火热的感情就冷了下来，有伤心，有愤怒，有不满，也有羞辱。窦滔或许是贪图新鲜，其实，哪怕他是真的移情别恋，也并不意味着他对苏蕙没有感情了，她依然是谁也无法取代的，她依然是唯一的妻。然而他曾经给过她全部的感情，如今却只愿意拿出一部分，就算是一大部分，那也不再圆满。

她的伤心，正是因为她爱得全心全意。

一次，两次，每次窦滔为了纳妾的事向苏蕙开口，她都选择了不谅解。渐渐地，窦滔有些不耐烦了，毕竟那时候纳妾是很普通的事，他身为男儿，又混迹于官场，身边有些莺莺燕燕再平常不过。他从前守着她过二人世界，这是出于他的爱，并不意味着他没有权利，苏蕙的冷战在他看来，就像是一种恃宠生骄的逾矩。

就这样，赵阳台如同一道鸿沟，隔在了夫妻之间。往日的恩爱还历历在目，分别时的誓言还在耳边回荡，他们各自的心境已经悄悄发生改变。

窦滔离开敦煌时，把赵阳台也带回了家，这下，苏蕙更加忍无可忍，她连丈夫在外拈花惹草都无法接受，更别提他堂而皇之地带别的女人进门。在窦滔面前，她再也没有了以前的温柔和体贴。她对赵阳台，自然也没有什么好脸色。

赵阳台再怎么受宠，也只是一个小妾，要看苏蕙的眼色过日子。她对这位正室夫人难免心生不满，她看出了窦滔与苏蕙的不和，于是火上浇油，常常在窦滔面前挑唆，故意离间夫妻两人。

不得不说，枕边风的威力不可小觑，尤其是赵阳台有心讨好，摆出如花解语的姿态，怎么看怎么动人；而苏蕙则自恃身份，受了委屈和谗言，也是心灰意冷地疏远，这无疑把窦滔推得更远了。

有一段时间，窦滔和苏蕙的关系简直降到冰点，面对曾经恩爱的妻子，窦滔从起初的愧疚变成愤怒，最后只剩下厌恶。

这样的日子没有维持太久，窦滔很快又要出远门了，他重新得到重用，被派遣到襄阳驻守。或许他对苏蕙始终是有感情的，即便夫妻关系越来越冷淡，这一次，他也不打算把她扔下，而是邀请她和自己一起。

但是，他同样也带上了赵阳台。

苏蕙又恨又恼，和窦滔大吵一架，断然拒绝了他的邀请。而窦滔一气之下，索性不再搭理她，带着赵阳台扬长而去。

从此，他们夫妻分居两地，一地新欢两好，沉醉温柔乡；一地形单影只，人比黄花瘦。

距离会让爱越来越淡，也会让心头的怒火越来越淡，等到苏蕙慢慢从伤痛中走出来时，她开始后悔了。

如果条件允许，谁都想在感情的世界里，活得随心所欲、横行无忌。要爱的时候，就爱得酣畅淋漓，奋不顾身，把光阴如水厮磨成花前月下；要恨的时候，就恨得咬牙切齿，鸣锣收兵，宁可自损八百也要伤敌一千。

可惜，世间少有这样的痛快，更多时候，我们爱恨难断。既然感情永远无法做到非黑即白，那么在爱恨面前，我们未尝不可以多几分含糊，多一点儿回旋。

曾经，苏蕙选择宁折不弯，哪怕失去和好的机会，也不肯原谅丈夫的过错，她以为这才是对爱情的尊重。如今，苏蕙却选择能屈能伸，旧梦可以重温，为什么不试着挽回呢？知错可以改正，为什么不试着包容呢？或许，这才是对婚姻的捍卫。

苏蕙始终还是爱窦滔的，她没有选择和离，还想好好过日子，就不能揪着过去的错误不放。

这时，窦滔已经不再写书信回家了，没关系，她主动写过去。她费了好几个月的工夫，织成了一匹长宽都为八寸的锦缎，不绣花，也不绣草，只绣了八百四十一个字。

这些字五彩相间，纵横对齐，分二十九行，又分二十九列。它们可以横读成诗，竖读成诗，斜读成诗，回环也成诗，每首诗都诉说着她殷殷的相思之情。

苏蕙把这幅锦缎命名为“璇玑图”。璇玑，原意是指天上的北斗星，她以此命名，一来是锦缎上的文字排列精妙，如星辰之神秘；二来也是暗示着她对丈夫的深情，如星辰之忠贞。

她用自己所有的骄傲、才华和深情，完成了这一次的低头。

当信使快马加鞭地把“璇玑图”送到窦滔手上，他被深深地震动了。哪怕以他的才华，并不能真正参透这其中所有精妙，但他也捕捉到了她耗费的心血和深情：一个被丈夫冷落的女人，不能吵闹，不能怨怼，只好将整颗心剖开给他看。

这种震撼，不亚于一个忠臣的以死相谏。窦滔不能不动容，他立刻送走了赵阳台，派亲信前往家乡，将苏蕙接到了自己身边。

他们和好如初，真的携手走到了白头。

微疗愈

同样是婚姻危机，有人说“当断则断”，有人说“一次不忠，百次不用”，有人说“知错能改，善莫大焉”，有人说“浪子回头金不换”。

没有哪一种选择更聪明，没有哪一种做法最正确。在爱情里，断尾求生需要勇气，因噎废食也并不懦弱。

如果心底尚有爱意，能屈能伸，也是个好选择。

第二十二章

羊献容：红颜胜人多薄命，莫怨春风当自嗟

——没有过不去的坎儿，只有过不去的人

活着，就是一场修行

一个女人可以有多坚强?

一段烽火狼烟的乱世，一局皇权更迭的阴谋，一顶倾动天下的凤冠，羊献容用她跌宕起伏的人生给出了答案。

羊献容是两晋时期有名的美人。

羊氏一族都在晋朝为官，羊献容的祖父官至尚书右仆射，父亲官至侍中，再加上她生得貌美如花，性情柔顺，是当时广受赞誉的贵女。倘若她愿意，嫁一个如意郎君并不难，但她偏偏身不由己地当了皇后。

当时，西晋已经开始动荡不安，因为那位坐在龙椅上的晋惠帝是个傻子。他还是太子的时候，就显露出各种痴傻的症状，朝臣们都认为他不适合当继承人，无奈他是皇帝的长子，又深得皇后喜爱，因此，他竟然稀里糊涂地登上了皇位。

风云际会的乱世，一个傻子怎么能操控朝堂？满朝文武想了又想，决定替晋惠帝找一个贤内助，可惜大家各怀鬼胎，选来选去，最后竟选了心狠毒辣的贾南风为皇后。这位皇后野心勃勃，她哄住了痴傻的皇帝，一手把持朝政，专横独行，祸乱江山，惹得天怒人怨。终于，在她公然残杀了太子之后，赵王起兵，将皇后一党尽数歼灭。

几番折腾下来，西晋早就摇摇欲坠。赵王意图取代晋惠帝，一边牢牢把控实权，一边扶持新皇后登位，作为他的傀儡。

这位新皇后就是羊献容。

如果可以选择，羊献容一定不会进宫。她生来就是贵女，应该嫁人中之杰，宠如掌中明珠，花开富贵，儿孙满堂；哪怕嫁平民小户也好啊，守着勤恳老实的夫婿，生儿育女，男耕女织，在国破家亡前，总有几年好日子可过，何必卷入腥风血雨之中？晋惠帝不仅智商低下，性情也不和顺，只贪图玩乐，他周围又环绕着虎狼之辈，怎么看都不是一个合适的夫婿人选。

可是，羊献容没有说不的权利。她的舅舅和四个表哥都是赵王的亲信，她的族亲更是赵王的头号心腹，她就这样被选中了，成为一颗控制皇帝的棋子。

如花似玉的年纪，一眼望不到头的政治争斗，注定不会幸福的婚姻，朝不保夕的性命……换作其他姑娘，或许早就崩溃了，羊献容却咬牙进了宫。

据说，帝后大婚时，迎亲的仪仗一路敲锣打鼓，来到羊家的门前。羊献容盛装华服，正准备登上花轿时，不知从哪里飘来火星，落到了羊献容的礼服上，迅速燃烧起来。侍女和太监们慌忙扑火，一身华丽的礼服还是被烧得面目全非，现场慌乱不堪，但赵王等人不顾受惊的新娘，强制命令婚礼继续。就这样，羊献容穿着一件焦衣，成为了晋惠帝的第二任皇后。

没有哪个姑娘会不介意吧，被迫嫁给不喜欢的人，还是以这样狼狈不堪的姿态，如果羊献容性格软一些，或许早就以死相抗了。但她为什么要死？是命运不公，是世道沧桑，是家族无能，她何曾犯过错？正因为前路每一步都难，所以她更想好好地走每一步，绝不轻易倒下。

入宫后，羊献容开始了战战兢兢的傀儡生涯，没有任何自由，没有任何话语权，生死都攥在赵王手上。即便是这样，不到一年的时间，赵王就迫不及待地要登基称帝，连傀儡都不愿意让她做了，索性将这对可怜的帝后贬为庶人，把他们都送到金墉城囚禁起来。

一夕之间，从皇权的巅峰跌落到尘埃，羊献容的生活再次面临巨变。他们顶着庶人的头衔，其实过得还不如普通的庶人，不具备谋生技能，又失去了身份特权，别说锦衣玉食，困在小小的方寸之地，连来往的亲朋也没有，形同囚犯。不，他们在某种意义上就是囚犯，每天都提心吊胆地活着，因为只要新皇帝不高兴了，随时就会取走他们的性命。

这种如履薄冰的日子，能够把一般人逼疯，却没有把羊献容逼疯。

她熬过来了，她等到了左卫将军平叛，朝臣们再一次把她和晋惠帝迎回了都城洛阳。这一次，羊献容面临的形势更加严峻，皇族的威严已经荡然无存，河间王、长沙王、齐王等先后叛乱，无能的晋惠帝早就成为众矢之的，孱弱的她也成为各方势力争夺的棋子。

果然，短短一个月后，羊献容就被河间王从皇后之位赶了下来，再次沦为庶人。可是东海王有心要和河间王打擂台，故意派人将废后掳来，又一次迎她为皇后，打着她的旗号起兵，但四五个月后，恢复皇后之位的羊献容第三次被废黜，她和晋惠帝都沦为俘虏，关进了牢狱。

动荡还远远没有结束，羊献容总共遭遇了五次废后和六次立后，其间，还经历了大大小小数不清的牢狱之灾和杀身之祸。

在漫漫历史长河里，再也找不出哪一位皇后，能艰难至此。半生动荡，大起大落，竟然都一一挨过来了。

当初，河间王因为目睹羊献容几度被废，将她视为不祥之人，动了杀念，要将她赐死。她哪里是不祥之人？她明明活得比谁都生机勃勃，在乱世的罅隙里艰难求生，哪怕活得不容易，也不曾选择轻易地死。

别认㞞，就能转过弯

羊献容在西晋的皇后之路，彻底结束于“永嘉之乱”。

以刘曜为首的匈奴军队长驱直入，攻陷了洛阳，杀害王公士民三万余人，随后又直逼长安，整个西晋溃不成军，皇室们或逃亡或被俘。国破家亡时，繁华成一梦，此刻的羊献容，哪怕再想做个安分的傀儡，也没有机会了，她混迹在逃命的人群里，前路渺茫。

江山依然是那片江山，却换了主人，而这种替换的代价是白骨累累和血流成河。

离乱之中，羊献容和女儿清河公主走失了。这是她和晋惠帝仅有的一个女儿，年纪尚小，娇生惯养，但这位曾经是金枝玉叶的小姑娘，竟然被人卖到商人家，成了一个灰头土脸的奴婢，每日遭受鞭笞和虐待。

羊献容的境遇并没有比女儿好多少，她被刘曜的军队俘虏了，因为姿色出众，又被当作美人献给刘曜。

曾经尊贵无比的皇后，如今成为玩物似的女奴，命运对羊献容何其残忍。

破国之恨，亡家之痛，丧夫之苦，失身之辱，这无论哪一样，放在一个女人身上都是难以承受的重量，而羊献容尽数尝了一遍。有许多人骂她，有许多人劝她赴死，她都忍了。既然挨过了那么多苦痛，就不能白挨。

羊献容顺从地做了刘曜的小妾，出乎意料的是，刘曜对她非常宠爱，时时让她陪伴左右。

有一次，刘曜问羊献容："我和你之前的丈夫比起来，怎么样？"羊献容毫不犹豫地说："这怎么能相提并论？你是开国明君，而他不过是亡国昏君。他连自己和一妻一女三个人都护不住，贵为帝王却让妻儿受到平民都难以承受的侮辱。我出身于高门世家，以为世间男子都是这个样子，见了你，才知道天下真有大丈夫。"

这不是她的谄媚，而是她的通透。原来，那些以为熬不过的难关，是可以熬过来的，还可以云淡风轻地拿来谈笑。如果她真的死了，死在结了一门糟糕亲事的时候，死在皇后之位被废的时候，死在被各方势力当作棋子的时候，或者死在国破成为奴隶的时候，那她怎么会有今天？怎么会遇到一个真正的男子汉，并且被他喜爱？

没有过不去坎儿，迈过那些坎以后，天地会更加广阔。

永嘉之乱后，幸存的晋朝皇室南迁，定都南京，建立了东晋，史称“衣冠南渡”。而刘曜同样称帝，建立了前赵，次年就册封羊献容为皇后。

至此，羊献容迎来了属于自己的春天。

她母仪天下，这一次，是真正做了实至名归的皇后，风光显赫，万人敬仰；她备受宠爱。这一次，嫁的是建国立业的英豪，能文能武，骁勇善战，他们先后生下了三个皇子；她甚至还得到了实现自我的机会，在刘曜的允许下，逐渐参与朝政。

所有女人都羡慕羊献容，但是，她们并不知道，在得到这份幸福之前，羊献容走过一条很漫长的歧路。

命运处处多歧路，别畏难，别认㞞，征服它就有好风景。

微疗愈

都说红颜薄命，其实，不是红颜更薄命，而是软弱的红颜更薄命。

或许我们都应该再咬牙坚持一下，很多我们以为迈不过去的坎儿，等走过以后回头看，其实并没有想象中那么难，其实熬着熬着就到头了。而那些没有打败我们的，都会使我们变得更好、更强大。

第二十三章

徐昭佩：休夸此地分天下，只得徐妃半面妆

——他人即地狱，自洽才自由

“坏”女孩，光芒万丈

在古代，好女孩是要乖乖听话的。

待字闺中时，要举止娴雅，听从父母教诲，习女红，通诗书，受闺训；嫁作人妇时，要性情贤惠，绝不违逆夫婿，对内操持家务，对外应酬交际；身为人母后，要处事周到，事事儿女为先。生儿九十九，常怀百岁忧。

如果按照这套标准，徐昭佩是典型的“坏”女孩。

徐昭佩出生在南朝，祖父是当朝太尉，父亲是信武将军，而她本人是梁元帝萧绎的正妻。

其实，她生得不是那么美艳，性情不是那么温顺，和其他声名远扬的贵女相比，才华也称不上出类拔萃。而萧绎呢，是真正的龙孙凤子，获封湘东王，深受皇帝喜爱。他不仅位高权重，还天资聪颖，五岁就能背诵出《曲礼》的上半部，长大后更是博览群书，冠绝一时，在棋艺、书法和音律等各方面都造诣不俗，连当时不受重视的骑术，也同样精通。他还写得一手好诗词，风格清丽，在文学史上，“四萧”的名声不输给“三曹”。他尤其擅长绘画，功底深厚，堪称历代皇帝中最强的。

一个资质平平的名门闺秀，能够嫁给一个卓尔不群的皇子，如果不是因为爱情，那就离不开利益。事实上，他们两人都还年幼，萧绎不到十岁，对徐昭佩自然谈不上有感情，她又如此平庸，他私心里也想娶一个更出色的妻子，但他身上有无法回避的缺陷：他瞎了一只眼。

萧绎在小时候得了眼疾，他的父亲梁武帝自认为医术不错，亲自给儿子治病，没有动用御医，结果弄巧成拙。尽管一只眼并不影响视力，也并不影响他的个人魅力，大家都称赞他是独眼神僧转世，梁武帝还因此格外爱重这个儿子，萧绎本人却耿耿于怀，内心极度自卑。

他介意到什么程度呢？有一次，他和臣下一起出游，乘舟飘荡于江滨，眼见着好山好水，有个大臣随口吟咏道：“帝子降兮北渚”。本来只是一句应景的诗歌，萧绎却联想到它的下一句“目眇眇兮愁予”，怀疑对方是在嘲讽自己“目眇眇”，当即大发雷霆，下令责罚那个大臣。

这个自负而又自卑的湘东王，在知道徐昭佩被定为王妃后，充满了愤怒和无奈。愤怒的是，徐昭佩毫不出色；无奈的是，他身怀残疾，根本没有选择的余地。

到了成亲的时候，徐昭佩出嫁的车鸾刚走到西洲，突然遭遇了一场大风。四周的屋瓦都被掀翻，树枝都被折断，没多久，又下起了细密的雪霰，车马和帷幕上都变成了白色。

萧绎得知后，认为很不吉祥，对徐昭佩更加排斥，他觉得这些都是徐昭佩不守妇道的预兆。

他一点儿也不喜欢她，嫁进王府的徐昭佩很快就意识到了。他嫌弃她不够美丽，很长时间才到她房间去一次，即便她后来生下了天资聪颖的儿子，他看也不看，连带着对儿子也非常厌恶。

换作其他的人，可能会小心翼翼地忍了，甚至战战兢兢地觉得是自己不够好，诚惶诚恐地试着改变。毕竟那个人是她的丈夫，是手握权势的王爷，将来还会登基做皇帝，是她和孩子们最大的倚靠，而每个出嫁的女人都被叮嘱过以夫为天。

把眼泪藏在心里，把笑容挂在脸上，委屈自己，取悦别人，这才是好姑娘、好妻子、好母亲，但是徐昭佩做不到。

起初，她也试图千方百计留住丈夫，维持王妃这个身份该有的体面和幸福。所以他一次又一次纳妾，她忍了，端出贤淑的姿态，生气也不曾声张，最多在私底下闹别扭。那些没有被萧绎宠爱的小妾，她就好好对待，不时和她们喝茶聊天；那些得到萧绎宠爱的小妾，她就冷言冷语，故意挑衅，要是有小妾怀了身孕，她气不过，甚至会在暗中下绊子。

她原以为这样能换来丈夫的礼遇和旁人眼里的美满，有多少婚姻都是这样，说什么妻妾和美，说什么相敬如宾，说什么贤妻良母，背后都藏着一个忍气吞声的女人。

在中国人的传统文化里，正室夫人都是这样端庄贤淑的，她们精明能干，她们任劳任怨，她们温顺听话，她们隐在丈夫身后，永远长着一张受欺负的脸。

徐昭佩不愿意被欺负了，她决定自己想怎么过就怎么过。

合群，不如合自己

徐昭佩大概是历史上最任性的王妃，或许也是最幸福的。

为什么一定要巴巴地向别人讨要喜爱呢？萧绎不喜欢她，她绝不会跟在后面摇尾乞怜，也不会为了面子咽泪装欢，更不会为了名声委曲求全。

萧绎娶了一个又一个美妾，徐昭佩也不愿独守空闺，大胆地追求一个又一个俊俏郎君。

她最有名的一个情人叫暨季江，他是萧绎的随从，生得姿容俊秀，徐昭佩看中了他，两人常常私下来往。暨季江曾经毫不避讳地对外人说："柏直的狗虽然老了，仍然能狩猎；萧溧阳的马虽然老了，仍然能驰骋；徐娘虽然老了，仍然多情。"

当时还有一个叫贺徽的男子，以俊美闻名，徐昭佩便邀他到普贤尼寺，两人暗中幽会，在白角枕上写诗，互相赠答。

谁说女人就要三从四德呢？从什么？从冷漠的丈夫？从严苛的舆论？从不合理的教条？不是的，那些无数不幸福的例子证明，一个女人更应该从心、从欲、从自己。

萧绎的妃妾不止徐昭佩，不受宠的也不止徐昭佩，但活得潇洒尽兴的，恐怕只有徐昭佩。背着浪荡的名声又如何，在贵妇淑媛中格格不入又如何，她做了想做的事，得了想要的乐子，委屈谁也没有委屈到自己。

有一次，萧绎难得地召见徐昭佩，按照惯例，妃嫔们都会打扮得漂漂亮亮，博得帝王欢心。徐昭佩同样穿上华服，戴上珠宝，施上脂粉，但她故意只化了半张脸的妆容。那一半美艳，一半素颜，看起来如同鬼魅，气得萧绎当场摔门而去，他知道她是在借机讽刺他瞎了眼：既然你只有一只眼睛看得到，那我就干脆只化半面妆好了。

她一点也不掩饰自己的厌恶和嘲讽，想发脾气就发脾气了，哪怕对方是皇帝。萧绎登基成为皇帝之后，身为王妃的徐昭佩本来应该顺理成章地当上皇后，但他宁可空出皇后的位置，也不愿意让她当皇后，只封了她昭仪。凭什么他能当着天下人宣告自己对妻子的不喜，而身为妻子的她就不能给他坏脸色呢？

徐昭佩很喜欢饮酒，萧绎却对此不满，认为她有失仪态。她从来不在意他的命令和阻止，想喝就喝，常常喝得酩酊大醉，有时候他到她房中，她故意酗酒，冲着他的衣襟呕吐，以此表达自己的不快。

这种至情至性，在别人眼里可能就是胆大妄为，其实那何尝不是一种真真正正的勇敢？在那个男权至上的年代里，她的做法无异于自寻死路，饱受诟病，但比起讨好萧绎，她更在意的是取悦自己。

她不是没有示好的机会，她的儿子非常出色，哪怕萧绎不喜欢她、厌恶她，也不得不承认这个事实。有一次，萧绎见他驾驭军队有条有理，忍不住赞叹有加，对徐昭佩说："如果我们再有一个像萧方等这样的儿子，我后半生就能高枕无忧了。"

徐昭佩没有接话，默默地流下眼泪，然后转身离开了。她根本不在乎他的夸赞，认定他只是把儿子当成利器，从来没有疼爱过，既鄙夷又愤恨，连在他面前做戏的欲望都没有。

萧绎一直冷落这对母子，在他看来，这番褒奖已经是低头示好，但徐昭佩不愿意接受他伸出的橄榄枝，也没有就坡下驴的打算，他心里更加不满。徐昭佩的言行当真天理不容？不是的，只是那个男人享受惯了女人的臣服，那个时代的男人都要求女人的顺从，突然有了一个不听话的，难免让人如鲠在喉。

此后没多久，萧绎的宠妃王夫人去世，他怀疑是徐昭佩所为，对她暗暗动了杀机。的确，她以前也做过这样的事，看不惯他的爱妃小妾们，明目张胆地打骂和杖杀，从来不给他面子。

太清三年，徐昭佩的儿子溺水而亡，消息传回来，萧绎一点悲伤的神色也没有，反而很高兴，下旨逼令徐昭佩自杀。徐昭佩自知无法逃生，投井而死，萧绎将她的尸体还给徐家，声称要休妻，不肯让她葬入祖坟。不仅如此，他还特意写了一篇《荡妇秋思赋》，痛斥徐昭佩的放荡和任性。

世间夫妻，相互折磨至此，堪称怨偶。

纵观徐昭佩的一生，她没有得到世俗意义上的成功：明明出身好，嫁得也好，却活得不好，不仅失去了本应得到的皇后之位，也没有得到善终，在历史上白白留了个荡妇的名声。但她活出了真正的自我，她甚至比许多贤名在外的皇后都幸福：爱自己所爱，求自己所求，厌恶自己所厌恶，没有遗憾地活了一遭。

红尘辗转千百劫，自怡自乐最难得。

微疗愈

让自己快乐，比让他人快乐更重要。

生活不需要任何人卑躬屈膝地讨好，当你弯下腰的时候，你不会伤害别人，却伤害了你自己。

谁都希望自己过得好，但过得好不是来自他人，而是自我。

记住，任性是被低估的美德，悦人不如悦己。

第二十四章

绿珠：百年离别在高楼，一旦红颜为君尽

——爱不是一味付出，情不是无度索取

自以为是的爱，其实是爱自己

都说宝剑赠英雄，那什么才配得上美人呢？

是千两黄金？就像周幽王耗费黄金，想出烽火戏诸侯的主意，只为博褒姒一笑；是绫罗绸缎？就像夏桀撕裂锦帛，追求清脆的声音，只为讨妹喜欢心；是桂殿兰宫？就像吴王夫差建造馆娃宫，搜罗天下珍宝，只为藏西施美人。

在石崇眼里，绿珠担得起三斛珍珠。

别小看这些珍珠，按照晋朝当时的物价，一斛等于十斗，也就是一百二十斤，三斛珍珠那就是三百六十斤珍珠，大概可以供给三百六十户人家整整一年的吃穿用住。

石崇眼也不眨一下，就用这些珍珠，买下了一个婢女，她就是绿珠。

石崇是谁？那是整个西晋最富有的人。他在洛阳郊外建造金谷园，楼台悬万状，珠翠列千行，富丽如皇宫，美不胜收。据说，他连厕所都修建得华美绝伦，光是洗手、洗脸，就预备了各色香水和香膏，还备有十多个婢女在旁边列队侍候。客人们上完厕所出来，就会有侍女为他们脱下原先的衣服，换上新衣，避免沾染气味。

有个和石崇同朝为官的人上门拜访，他上厕所时，看到室内精致的陈设和捧着香袋的侍女，吓得连忙退出来，对石崇说："我不小心跑到你的卧室去了。"石崇哈哈大笑，解释道："那是厕所！"

石崇的富有连皇帝也比不上。他曾经和皇帝的外甥斗富，用蜡烛当柴烧，用花椒涂满墙壁，连皇帝特意从国库搬出来的二尺珊瑚树，他也随手击碎了，从自家拿出一株三四尺的珊瑚。

他不缺钱，更不缺美人。

金谷园里养了成千上万的婢女，个个美艳动人。石崇常常让她们穿着相同的妆饰，腰佩玉龙，头戴金凤凰，数十人为一队，昼夜不停地歌舞作乐。他尤其喜欢身材纤细的美人，于是在象牙床上洒满沉香屑，命令他所宠爱的姬妾赤脚踏过，如果有人留下了脚印，就让她节制饮食，如果没有留下脚印，就赏赐她一百粒珍珠。他的姬妾婢女们都爱在私下相互打趣："你不是细骨轻躯，哪里能得到百粒珍珠呢？"

绿珠，就是这些姬妾婢女中最受宠的一个。

据说绿珠原姓梁，生在白州境内的双脚山下，按照当地的风俗以明珠最为珍贵，要是哪户人家生了儿子，就取名叫珠儿，要是生了女儿，就取名叫珠娘。绿珠家境贫寒，名字也就取得随意，但她姿容绝艳，世所罕见。

石崇在出任交趾采访使时，无意中遇到了绿珠，一见之下，立刻魂不守舍。他耗费三斛珍珠，向梁家买下了这个美貌的女儿，将她带回洛阳。

人人都说石崇最爱绿珠，恐怕他自己也是这样想的。

他喜欢歌舞，得了绿珠以后，就亲自教她吹拉弹唱。绿珠的歌声婉转动听，最擅长吹笛子，最精通《明君舞》，当时的《明君舞》只有旧谱，他就自己动手填上新词，专供绿珠演唱。每每宴请宾客，他都会大张旗鼓地请绿珠表演，见者无不拍案叫绝，夸赞她“绿珠姝绝色。”

他喜欢诗词，得了绿珠以后，就常常为她填诗、写词。当时的名曲《懊侬歌》就是他写给绿珠的情诗，一经传唱，人人追捧。石崇原本就是有名的文人，和左思、潘岳等人齐称“金谷二十四友”，他们每次举行诗会，必邀绿珠出席。

他喜欢华服美食，得了绿珠以后，就特意为她建造了一座崇绮楼，只供她一人居住。她的屋子里装饰着珍珠、玛瑙、象牙、犀角等，而这些都是石崇让人从她的家乡搜罗而来，以此安慰她的思乡之情。

情有独钟的宠爱，意趣相投的默契，设身处地的体贴……他们俩怎么看都像一桩爱情佳话，令人称羡。但这真的是爱吗？又是谁的爱呢？

高贵的公子，出手买下花容月貌的贫家女，如同英雄救美，从此改变了她一生的命运，可是这不过出于他一时的见色起意。没有人问过她愿不愿意，没有人想过，她或许还可以有不同的人生，相夫教子也好、贫贱夫妻也好，他理所当然地斩断了种种可能。

能歌善舞又如何？那是他的喜欢，不是她的爱好；玉宇琼楼又如何？只是满足他的怜香惜玉，不曾慰藉她的思乡之情。

他或许是爱她的吧，但爱的方式不对，从头到尾，都是一场自以为是的施舍。

真正的爱情，没有公平可言

《红楼梦》里，林黛玉写《五美吟》，有一首写的就是绿珠：“瓦砾明珠一例抛，何曾石尉重娇娆？都缘顽福前生造，更有同归慰寂寥。”

这个绣口锦心的女子在替绿珠唏嘘，石崇何曾重视过绿珠呢？绿珠于他，不过是无数玩物中的一个，哪怕他对这个玩物有几分喜欢，但那又如何？

石崇从不吝啬金谷园中的美人，每次宴请，都要以美人劝酒，如果客人不喝，他就把美人杀掉。尽管那些美人都是精挑细选而来，能歌善舞，或许也有着和绿珠相似的经历，或许也曾经得到过宠爱，但他转眼就能送人或者丢弃。

但石崇对绿珠是特别的，至少他自己以为是。

当时和石崇来往的官员中，有一个叫孙秀的人，他在酒宴上见到绿珠，惊艳于她的美色，忘形叫好。石崇非常不快，出言斥责了他，两人还为此结下仇怨。

其实，石崇不知道送出去多少美人，却不肯让绿珠受了一丝一毫的轻薄，于是大家都觉得这就是爱，他自己也觉得，自我感动之余，恐怕还有一些理直气壮：你看，我对你如此地好，你要对得起这些好，切莫辜负我。

在爱情里，谁没有过这样的斤斤计较呢？大家都口口声声说着“我爱你，这与你无关”，但很少有人真正做到爱而不求回报。即使是两心相悦的情侣，任何一方在付出的时候，心里有意无意都在期待着对方的回应，而一旦这种隐蔽的期待落空，就容易生出不被重视的怀疑，紧接着就是猜忌和失衡。

譬如，你特意准备了爱心消夜，在恋人深夜工作时送上，这本是出于爱意，你并没有想过得到回报，当他道完谢，吃下东西，你也就心满意足了。但有一天你自己加班了，而他毫无表示，你便会忍不住想，为什么他没有为我送消夜呢？为什么他这么不体贴？为什么他爱得比我少？

爱情里有许多大大小小的“消夜”，在送出的时候，就开始计较着收回来，如果收支失衡，那段关系就有瓦解的危险。可是啊，爱情本来就是不公平的事，你的付出完全出于自愿，也完全出于自己的喜好，对方甚至并不需要，更没有回应的义务。如果他能投桃报李，那是你的幸运，如果他不回应或者回应少了，你也不能强求，否则怎能称得上是爱情呢？那是你来我往的人情。

石崇却不懂这个道理。

随着贾后一党被诛，石崇很快失势了，而孙秀恰恰相反，他顺利投靠了新的靠山，身价陡涨，于是趁此机会向石崇索要绿珠。

孙秀的使者到了金谷园，石崇自然不肯让绿珠露面，将自己宠爱的数十个婢妾都引出来，对使者说：“你们从中挑选吧。”她们无不美艳动人，披戴绫罗细纱，满身兰麝芳香，使者却坚持要见绿珠，说：“君侯这些婢妾美丽倒是美丽，然而我是受命来要绿珠的，不知哪个是她？”

石崇勃然发怒说：“绿珠是我的爱妾，你们是得不到的。”

感动吗？自然是感动的，面对咄咄逼人的抢夺，面对自顾不暇的境况，面对使者苦口婆心的劝解，石崇依然选择维护绿珠。哪怕这份维护里，掺杂了一个男人的自尊心和一个失势者的负隅顽抗，但还是足够动人，因为他是以生命为代价的。

感动最深的人，是石崇自己。当他被孙秀的党羽捕获之后，他特意召来绿珠，对她说："我是为了你才到这个地步的啊。"

"我今为尔得罪"，这短短六字，分明是他在开口索要回报：我为了你，都要获罪而死了，难道你能无动于衷吗?

他在暗示什么呢？要她惦记他一辈子？要她主动献身孙秀？要她一死了之？谁也不知道他到底藏了什么念头，因为绿珠自己做出了决定。

她怎么会听不懂，她哭着告诉他："当效死于官前！"当着所有人的面，当着满园春色，她奋身一跃，从楼下跳了下去。

百年离别在高楼，一朝红颜为君尽。

石崇真的是因为绿珠才获罪吗？当然不是，在绿珠坠楼自尽后，他被装上囚车，对众人叹息道："这些人是想图我的家财啊。"他明知道这是政治倾轧，却仍然对绿珠说我是因为你而死，说到底，不过是仗着自己付出过，如今理所当然地伸手向对方讨要回馈。

可惜美人难再得，她死于殉情，也死于石崇的斤斤计较。

微疗愈

真正的爱情不是我付出了这么多，你就必须付出同样的回报，不是我曾经掏心掏肺，你就必须以死相报。

爱没有公平可言，不接受任何自以为是的付出和索取。

在动情动念的当初，你就该明白，你对她的好是自愿，对方若是想要对你好，也是由自己做主，而不是被你道德绑架。

第二十五章

李清照：何须浅碧深红色，自是花中第一流

——人生不设限，一切皆可能

别定义我，我有无数可能

如果要用一个词来定义李清照，那恐怕不是容易的事。

婉约？是的，她写了一首又一首的婉约词，都是儿女情长，都是柔肠百转。梧桐细雨也好，帘卷西风也好，月上高楼也好，没有谁比得过她心思缠绵。

豪放？也对，她曾经大碗地喝酒，她曾经大胆地爱人，她曾经大声斥责那群七尺男儿。她虽是女儿之身，却不减英勇之气。

富贵？没错，她生在官家，又嫁在官家，生活是衣食无忧的，也是风花雪月的，枕边有书，窗下煮茶，案几落棋。

落魄？也有，她经历了国破家亡，遭受了牢狱之灾，没了丈夫，遇过渣男，吃过苦头。

什么"千古词后""千古第一才女""婉约词宗"，不，这些都不足以概括李清照；这些都是她，却不是全部的她。

她是天生的才女，以满纸文章为证。

李清照出生于一个传统的士大夫家庭，她的父亲官至礼部员外郎，是苏轼的学生，最喜欢作文填词，家中藏书丰厚。她的母亲也精通诗书，是状元的孙女，很有文学素养。她受家学熏陶，聪颖绝伦，才华惊人，小小年纪就声名远播，连苏轼的大弟子都对这个晚辈刮目相看，常常在文人名士面前称赞她。

十六岁时，李清照填了两首《如梦令》。“争渡，争渡，惊起一滩鸥鹭”，写尽少女的活泼与率真；“知否，知否，应是绿肥红瘦”，道尽闺阁的惆怅与细腻。

作品问世后，被隐去作者，在年轻的太学生中广为传抄。那清丽的风格，那浑然天成的语言，那绵绵的情思，立刻引来无数追捧，当时的文人无不拍案叫绝，甚至还怀疑是苏轼匿名而作。

传来传去，李清照的身份就被揭穿了，大家都知道了，原来李侍郎家的女儿才华出众，世所罕见。

对这位隐在深闺而又名声在外的才女，不知道有多少人好奇，赵明诚就是其中的一个。

赵明诚也生于官宦世家，父亲是当朝的礼部侍郎，他本人才学一般，却性情风雅，喜好金石。他心里暗暗恋慕着李清照，在父亲为他挑选妻子的时候，他说：“我白天做了一个梦，梦到一卷书，其余的记不住了，只记得其中三句话，‘言与司合，安上已脱，芝芙草拔’。”赵明诚的父亲细细一想，这不是字谜吗？谜底正是四个字：“词女之夫”。

这整个汴京城，除了李清照，还哪儿有什么词女呢？于是，他便替儿子上李家提亲。

李清照点头应允了。

认真计较起来，李家和赵家其实是政敌，李清照和赵明诚大概早就在私下见过面，两情相悦，否则赵明诚不会以梦为借口，试探父亲的口风，否则李清照的词里也不会有情窦初开的热烈和羞涩。

“和羞走，倚门回首，却把青梅嗅。”他们的初见应该也是这样的吧，她刚刚荡过秋千，发髻有些散了，一缕发丝不经意地滑过脸庞，轻薄的裙裳沁了香汗，紧紧贴在身上，勾勒出少女美好的身段。就在这个时候，他猝不及防地出现在后园，她转身就躲，慌忙中连头上的金钗都遗落了。没走几步，瞥到少年郎风采俊美，她又忍不住偷偷地回头，随手攀折了身边的青梅枝，低头嗅着，目光却炽热地飘了过去。

她是缠绵的情圣，以一份真爱为证。

婚后，李清照和赵明诚的日子甜蜜而恩爱。

他们最爱收集金石字画，常常携手去相国寺，买各种碑文和小吃。回了家，两人面对面坐着，一边研究碑文，一边品尝小吃。为了买下心仪的碑文和字画，赵明诚甚至会当掉自己的衣物卖钱，李清照也全心支持他。有一次，有人拿出一幅徐熙的《牡丹图》，要卖给他们夫妇，要价二十万钱，这实在不是小数目，赵明诚先将画收下，和李清照仔细把玩了两天，可惜实在凑不出钱，只好又还了回去，为此，夫妇两人都惆怅了很久。

他们也喜爱切磋诗书字词，每每饭后煮茶，两人就相互考核对方，以此来判定谁先饮茶。李清照记忆过人，指着堆积的书卷，能随口说出某句话在某书某卷的第几页第几行，赵明诚便立刻翻阅，发现她说的一字不差。她赢了游戏，高兴得拍手大笑，一不小心弄翻了桌上的茶盏，反而没有喝到茶，惹得赵明诚也笑了起来。

没多久，赵明诚出门远游，李清照依依不舍，相思与日益增，特意为丈夫寄去一方锦帕，帕上写着那阙著名的《醉花阴》：莫道不销魂，帘卷西风，人比黄花瘦。

赵明诚收到词，既感动于她的深情，又深深叹服于她的才情。他闭关三天，废寝忘食，写出五十首《一剪梅》，然后将李清照的那首混杂在其中，邀请好友来品评鉴赏。面对没有署名的作品，好友反复琢磨，说道："只有三句写得特别好。"赵明诚追问是哪三句，对方挑出的正是李清照所作。

这种安稳和幸福只维持了两年，政治风波很快席卷了这对小夫妻。新旧党派再次势同水火，李家所在的旧党遭到打压，李清照的父亲也被罢官，而此时赵家所支持的新党蒸蒸日上，李清照几次试图向公公求助，希望能帮到父亲，然而都遭到了拒绝。

好在婆家和娘家的对立，并没有影响他们夫妻的感情，可是，随着党派之争的加剧，朝廷竟然颁布法令，禁止旧党的子女与宗室通婚，他们不管有没有官职，都必须离开京城。

在万般无奈之下，李清照告别了赵明诚，回到原籍，与家人居住。而此刻的赵家如锦上添花，赵明诚的父亲甚至当上了右相，尽管如此，他却不愿休弃李清照，始终维持着名义上的婚姻。

在他们分居三年后，多亏赵明诚的父亲从中周旋，朝廷解除了对旧党的疯狂打压，李清照终于返回京城，与丈夫团聚。然而，赵家因此得罪了新党，很快就遭到了倾轧，赵明诚的父亲罢官病逝，他和两个哥哥也被捕入狱，失去官职，一家子人只好远离京城，躲到青州。

这一次，换成李清照不离不弃。她陪他在青州十三年，从鲜妍明媚的美娇娘到甘守平淡的小妇人，此情不渝，此心不变。

最好的人生，是不设限

李清照喜欢喝酒，而且酒量不错。在她现存的四十五首作品里，提到酒的就有二十三首，可以说贯穿她整个写作生涯。

她高兴时会喝酒：“座上客来，尊前酒满。歌声共、水流云断”。

在青州时，日子平淡如水，虽然少了往日的风光显赫，但好在家人团聚，李清照离父亲也近，可以不时地前去探望。有时候，亲友也会上门拜访，大家一起赏梅饮酒，找回一些久违的欢乐，饮一杯酒，带一脸笑意。

她无聊时会喝酒：“扶头酒醒，别是闲滋味”。

赵明诚罢了官，有许多时间和妻子耳鬓厮磨，他们把书房命名为“归来堂”，把全部积蓄都用来收集字画和金石，并且耗费精力编写《金石录》。有时候兴致来了，两人整晚都研究字画，忘了时间的流逝，要等到整根蜡烛燃烧完，才知道上床休息；有时候闲了，她便什么也不做，躺在床上，边小酌边听雨，饮一杯酒，怀一点闲适。

她寂寞时会喝酒：“三杯两盏淡酒，怎敌他、晚来风急？”

李清照曾经说，甘愿在青州直至终老，但这个愿望还是被打破了。在失势十多年后，赵家再一次被启用，而赵明诚也被任命为莱州太守。李清照并没有和丈夫同行，而是暂且留在青州。孤独和不安如影随形，她始终牵挂着远方的离人，饮一杯酒，生一缕相思。

她难过时会喝酒：“惜别伤离方寸乱，忘了临行，酒盏深和浅”。

人说小别胜新婚，当李清照赶到莱州与赵明诚团圆时，他们却再也不复往日的恩爱，因为赵明诚纳妾了。或许是因为他如今发达了，或许因为李清照始终没有生下子嗣，总之，她只能眼睁睁看着两人疏远，饮一杯酒，断一份愁肠。

她苦闷时会喝酒：“随意杯盘虽草草，酒美梅酸，恰称人怀抱”。

靖康二年，金人南侵，大宋顷刻间崩塌。赵明诚带着李清照一路南下，他们精心收集的字画文物也一路丢失。先是又重又大的印本，然后是没有款识的古器，接着是国子监刻本的书籍……等他们到达江宁落脚时，只艰难地保住了十五车藏品。山河破碎，身如浮萍，饮一杯酒，留一身风骨。

她心碎时会饮酒：“不如随分尊前醉，莫负东篱菊蕊黄”。

覆巢之下安有完卵，战乱之中，也没有安稳的夫妻。李清照跟着赵明诚几经奔波，从江宁流落到池阳，这时，赵明诚接到湖州知府的任命，他将李清照独自留下来，自己则动身前往南京谢恩。他离舟上岸时，李清照既焦急又难过，冲着他大喊：“如果城中情势危急，我该怎么办呢？”赵明诚远远地回答：“你就跟着众人逃难吧。如果迫不得已，你就先扔掉行李，再不行就扔掉书画，再扔掉古器。不过，那些祭器和礼器，你务必要背着抱着，与你共存亡，千万不要忘了！”他驰马而去，绝情而伤情，饮一杯酒，咽一行清泪。

她绝望时会饮酒：“酒醒熏破春睡，梦远不成归”。

短短两个月以后，赵明诚就因病去世了。他不顾炎热，急着赶路，病倒后又胡乱吃药，当李清照收到他的信函后，一天一夜赶了三百里路，赶到他身边时，他已经下不了床。失去丈夫的她孤苦无依，本想去投奔赵明诚的妹婿，差遣了老仆带着行李先行，谁知道赶上了交战，她辛苦存下来的十五车藏品，彻彻底底地毁了。举目无亲，身无长物，饮一杯酒，忍一身伤痛。

或许，不是李清照爱酒，是她骨子里就有酒，有洒脱，有热烈，有硬气，日子过得再惨，心都不惨。

她也是狂热的赌徒，以生死博弈为证。

李清照专门写过一本《打马图经》，这是一本正儿八经教你怎么去赌的书，类似于今天的麻将秘籍。她不无得意地说：我赌了一辈子，逢赌必赢，这是什么道理呢？因为我玩得精！

其实，她的赌术不仅仅在打马这类游戏上。

在兵荒马乱之中，李清照带着仅剩的古籍字画，孤苦无依，连租个房子落脚，都被闻风而来的贼人打劫，藏在床底下的五六筐古籍字画全部被盗走。她既悲痛又无奈，只好立下重赏收回，过了两天，有个邻居就拿出十八轴书画求赏，她这才知道，贼人近在眼前。

她手无缚鸡之力，又没有亲眷可以依附，战火中官府也不作为，面对这样的困境，李清照咬牙做出了一个决定：她哪儿也不留，跟着宋高宗的路线走。

但是，新的危机很快就迎面而来，不知道是谁造谣，说赵明诚生前“颁金通敌”，曾经送过古玩给金人。李清照又气又怕，她手头还有一些珍贵的祭器和礼器，那是赵明诚让她誓死保存的，为了自证清白，她索性把所有铜器都献给了朝廷。

越是一无所有的时候，越是孤注一掷，李清照是最狂热的赌徒，不得不说，她也是最幸运的。

她吃了难以想象的苦头，终于成功地跟随宋高宗到了杭州，这里局势稍稍安稳些，她终于结束了奔波和逃亡。这时候，她身边已经没什么藏品了，她也没什么其他追求，只希望整理好赵明诚的遗作《金石录》，偏偏张汝舟出现了。

这个男人嘴上抹了蜜，又是科举出身，信誓旦旦地要照顾她。他确实也做到了，李清照生病的时候，他体贴温存，一次次上门来嘘寒问暖，她渐渐地把他当成了老来伴。

于是，冒着有失妇德的嘲讽，李清照改嫁给张汝舟。

这当然是有风险的，那可是“饿死事小，失节是大”的南宋，她可是名满天下的才女。但张汝舟辜负了她，没过多久，他就开始逼问她手里的藏品，甚至开始拳打脚踢。

如果是别人，可能忍气吞声吧，毕竟改嫁已经很丢面子了，而嫁的人如此不堪，何必闹给大家看呢？至于和离，那更是吃力不讨好的事，宋朝有条特别的律法，假若是妻子告丈夫，不管是什么原因，也不管对方有没有罪，女方都要坐两年牢。

哪个名士会把自己折腾进牢狱？而且还是因为私人问题。但李清照敢，坐两年牢，总好过搭上一辈子；坏掉一点名声，总好过坏掉整个人生。

李清照的一纸和离状书，不仅要求和离，还检举揭发张汝舟曾经在科举上作假。这简直惊动了所有人，直接闹到了宋高宗面前。幸运的是，她再次赌赢了，张汝舟丢官流放，她则得到了赦免，只在牢里待了九天。

史书没有记载，李清照具体哪一年去世，但她的晚年确实安稳和顺，这是她为自己赢来的。

微疗愈

在李清照去世四十年后，陆游受到邀请，为一位孙氏夫人撰写墓志铭。

这位孙氏夫人，在年幼时是远近闻名的女神童，与李清照相识。李清照已经是暮年，非常喜欢这个女孩，愿意将毕生所学都交给她，谁知道她却不愿意，说："才藻非女子事也。"

是啊，大家都觉得女子应该相夫教子，大门不出二门不迈。写词做学问，怎么能是女孩子做的呢？为什么不能，旁人认为你应该是什么样子，你就是那个样子吗？

第二十六章

甄宓：应为洛神波上袜，至今莲蕊有香尘

——婚姻需要经营，爱情需要保鲜

一见钟情，都是见色起意

美人是分等级的。

最寻常的是掌上娇，肤如凝脂，面如桃花。一眼秋波，便招来一众裙下之臣，让人恨不得造金屋、藏娇娃，时时陪在身边；再难得些的是心头好，是温柔如白月光，惊艳如朱砂痣。一笑则惊心动魄，一颦则牵肠挂肚，即使得不到，也偷偷藏在怀里；还有可遇不可求的世间魅，是月里婵娟，梦中仙娥。爱恨情愁都是故事，在口口相传后，成为独一无二的符号，纵史书无情，也不能磨灭。

甄宓就是那绝世的美人，有了她，三国乱世才生动起来。

她是惑人的尤物，引得无数英雄竞折腰。她的肌肤白嫩如雪，在哭泣的时候，眼泪顺着脸颊而下，就像两道玲珑剔透的玉石，见者无不惊叹；她的发髻巧夺天工，相传，每到梳洗装扮时，都会有一条绿色的灵蛇在她窗前出现，盘结成各种精巧的样式，供她梳成不同的发髻，别的宫人始终无法效仿。

她也是纯白的挚爱，惊鸿瞥过游龙去，从此陈王难忘怀。她是曹子建一生的绮思，哪怕香消玉殒，依然被深深惦记；哪怕隔了许多年，他拿到她生前的玉枕，还是心潮澎湃，当夜便梦到她华服盛装而来，在洛水之上，如同女神。

她也是不朽的传奇，朝代更迭又如何？生死又如何？她的美始终不曾褪色。有人藏在诗歌里，追忆她的美貌和风采；也有人藏在话本里，幻想她的青睐和爱怜。连写遍神鬼妖怪的蒲松龄，也会在《聊斋》里暗暗倾慕甄后，奉她为女仙，让她施舍名士刘桢一段露水情缘。

很难想象，这样一个美人，竟然会在婚姻里栽跟头，与幸福擦肩而过。

甄宓第一次出嫁就很瞩目，嫁的是袁绍之子袁熙，氏族联姻，风光显赫。

甄家是官宦世家，在中山也算望族，甄宓的祖辈们颇有名声，父亲也曾出任上蔡令。甄宓是家中幼女，头上有三个哥哥和四个姐姐，但她自小就出类拔萃。有一次，相士为他们兄妹算命，特意指着甄宓说：“这个女孩将来贵不可言。”

没有人怀疑这点，她似乎生来就不平凡。

她自带神秘色彩，据说年幼时，在每晚入睡以后，家里人都能看到有神灵为她盖上玉衣。

她聪明早慧，三岁时，父亲不幸去世，她哭得格外伤心，大家从未见过如此早慧的孩童，都感到非常惊讶。

她勤勉好学，到了八九岁，已经出落得冰雪聪明。只要是看过的书籍，她都能立刻领悟和背诵，还常常用哥哥的笔砚写字，尽管哥哥笑话她：“女子应该学习女红，读书有什么用？难道你以后还想做女博士吗？”她却坚持己见，说：“古时候贤德的女子，都要学习前人成败的经验，以此来警示自己。如果不读书，那我用什么来借鉴呢？”

她善良贤淑，适逢天下大乱，百姓纷纷典当家产逃生，甄家仗着家底殷实，趁机用储备的粮食收购了许多金银宝物。甄宓不过十来岁，看到这种情形，对母亲说：“乱世求宝，并非善策。匹夫无罪，怀璧其罪。”这话说的就是因财丧身，现在众多百姓都在饥饿当中，不如将家里的谷物捐出去，赈济四方乡邻，这才算一种惠及众人的德行。全家人都叹服不已，认为她说得有道理，将家中的粮食无偿分发给了邻里乡亲。

人人都在说“江南有二乔，河北甄宓俏”，她那么美丽，又那么难得。

对袁家而言，甄宓无疑是一个出色的儿媳，公婆对她满意至极。袁绍亲自为儿子纳妇，从无数贵女里挑中甄宓；而婆婆刘氏，更是视甄宓为亲女，两人相处得非常融洽。

但是，对袁熙而言，甄宓未必是一个合心意的妻子。他难道不喜欢她吗？不，他也渴望抱得美人归，初次见面，自然喜欢她绝世的容颜。盲婚哑嫁的背景下，这点喜欢就是一粒最好的种子，慢慢萌芽，生出夫妻情分。然而甄宓没有抓住他给的情分，婚后数年，两人没有任何子嗣，异地分居的时间也越来越长，这或多或少验证了他们的疏远。

很多时候，一个女人失去丈夫的爱，不是无能，而是无心。因为谁的感情都是动荡不安的，我爱你，这件事的发生简单而容易，但它要持续下去却很难，需要双方当事人的努力。

为什么一见钟情常常上演？因为眼睛里的火花可以传递到内心。

动心其实是不难的，难的是让这份喜欢加深，变成深爱。

甄宓却没有想明白。那么多人喜欢她，她以为喜欢就是喜欢了，其实婚姻不是喜欢的终点啊，只是一个新的阶段，前路漫漫，仍然会有变故。

很可惜，袁熙的喜欢渐渐淡薄了，他独自在幽州，而她留守在冀州，渐渐退出了他的心，也退出了他的生活。当冀州燃起战火，整个袁家被军队团团包围，他是否有过片刻揪心？那里，住着他美貌而柔弱的妻子。

他不知道，曹操早就放话了："今年是为了甄宓，才攻打冀州的啊。"他听多了关于美人的传闻，干脆发兵冀州，要将甄宓掳到铜雀台。

等到冀州城破，曹操还来不及见到美人，曹丕已经率先进了袁府。府上只有女眷，一个少妇披散着头发，满脸灰垢，躲在婆婆刘氏的背后哭泣。

就是在这样的狼狈和动乱之中，曹丕与甄宓相遇了。他亲自帮她把发髻绾起，用手巾替她擦拭面容，很快，一个姿容绝伦的美人就俏生生地出现在眼前。

刘氏安慰甄宓，说："现在不用担心被杀了。"

这大概是在场所有人的心声吧，他眼里的惊艳一览无余。谁不喜欢漂亮的皮囊呢？见色起意，就是心动的开始。

果然，曹丕如获至宝，急急忙忙地迎娶了甄宓。

美貌只能装点爱情，不能满足婚姻

曹丕爱过甄宓吗？应该是爱过的。

他喜欢她的美色，婚后就册封她为夫人，对她宠爱有加，眼里再也看不到旁人。史书上说甄宓“擅室数年”，由此可见，曹丕还是用过几分心，毕竟男人的性和爱分不开，哪怕是迷恋声色，也足够让一个女人站稳脚跟了。甄宓能够迅速诞下一儿一女，博得公婆的认可和妃嫔的敬重，也从侧面证实了曹丕对她的青睐。

他维护她的名分，当时，曹丕还是太子，常常宴请诸位文官，宾客尽欢，是交际，也是结党。按照汉魏习俗，主妇会在宴席出拜待客。有一次，曹丕让甄宓露面，座上的客人都伏在地上，对甄宓低头行礼。唯独名士刘振不拜，反而平视甄宓。没想到，他竟然因此触怒曹丕，继而被曹操判决为死刑，在求情后，还是被发配做苦役。

如果换作其他妃嫔，得了这份偏爱，早就喜不自胜吧，出于自保也好，出于情分也好，一定是千方百计地抓住不放，让他爱得再多一点、爱得再久一点。红颜未老，怎么能恩先断？

可是甄宓做了些什么呢？

她永远把外人的看法看得比夫妻感情重要。

当丈夫向她示爱的时候，她不仅没有甜蜜地回应，反而呈现出躲避的姿态：“你应该多纳几个贤淑的小妾，否则外人会说我专宠。”不仅如此，当丈夫向她寻求认同的时候，她总是理性大于感性，往往忽略了对方的感受。曹丕曾经有一位姓任的妾室，对方性情急躁，常常口出怨言，还心怀怨怼，这让曹丕非常不喜，下令驱逐她。但甄宓忘了体贴曹丕的心情，只是哭着制止：“所有人都知道我受到你的宠爱，你驱逐任氏，他们肯定会猜测是因为我。往上，公婆会指责我自私；往下，民众会怪罪我专宠。希望你不要这样做。”在曹丕坚持己见的情况下，她仍然好几次哭着请求。

她坚持把婆媳的关系看得比夫妻感情重要。

曹丕每次出征，甄宓都主动要求留下来照顾婆婆卞夫人，尤其在曹丕登上太子之位后，她干脆留守邺城，夫妻常年见不到面。

曾经有一次，曹操带着卞夫人出征，甄宓和曹丕留在邺城。即使这样，她依然顾不上自己的丈夫，因为她听闻了卞夫人生病的消息，急得寝食难安，私下偷偷哭泣。下人告诉她，卞夫人的病已经好了，她还是放心不下，反而更加忧心，说：“夫人在家，老毛病常犯，每次都要很久才痊愈，这次怎么好得这么快？你们一定是想要安慰我。”等到卞夫人回到邺城，她第一时间出城迎接，面上仍带着忧虑，连卞夫人都感动地夸她：“真是孝顺的媳妇啊。”

是的，甄宓做得足够好了，战战兢兢，不敢出错，只为博个好名声，谁让她是二嫁的妇人呢？谁让她自小学的是《女戒》呢？可她偏偏没有想过，她是和丈夫过日子，不是和婆婆，更不是和外人。

再深的爱，得不到响应和回报，都会慢慢淡去，更何况曹丕的爱本来就不深。她不去哄他、念他、讨好他，多的是美人蜂拥而上，替她嘘寒问暖，帮她忙前忙后，时间久了，他的心自然就落到别人身上了。

甄宓做错了吗？严格来说，也没有做错什么，她在外人眼里完美得如同白玫瑰。可是，哪个男人不希望自己的妻子热情如红玫瑰呢？至少在对着他的时候，要绽放出爱意。那些嬉笑怒骂，那些欲拒还迎，那些辗转反侧，都是一种爱的外化，哪怕明明只有三四分，摆出七八分的架势，他们也乐意被哄得眉开眼笑。

最怕的是，你在感情里毫无反应，让人误会你未曾把对方当一回事。

甄宓真的没有把曹丕当一回事吗？未必吧，那也是她托付终身的郎君。她大概是太得天独厚了，有那么多人喜欢她，招之即来，她不需要把喜欢当一回事，以为这是容易得来的，却不知道这也是容易失去的。

甄宓明白这一切的时候，已经太晚了。

那时候，曹丕继任了魏王，有了生死相随的郭贵妃，纳了如花解语的李贵人和阴贵人，她依然顶着夫人的头衔，留在邺城无人过问。

或许，她这才后知后觉，自己失去了丈夫，而她根本不明白为什么。有怨吗？有吧，于是便有人向曹丕告发，称甄宓常常说一些怨恨君王的话。曹丕勃然大怒，派遣使者去邺城，赐死了那个他曾经心爱的美人。

他也有过后悔，招来中郎，问道："我昨天梦见一股青烟拔地升天。"中郎最擅长解梦，告诉他，这预示着天下会有一位贵女子冤死。曹丕立刻让人去追赶使者，可惜已经来不及了。

一代倾城从此逝，那样姿容绝代的美人，竟然披头散发、以糠塞口地草葬了。

有人说，甄宓是被郭贵妃的谗言所害；有人说，甄宓是红颜薄命。说到底，她就是死于失宠。如果可以重来，她一定会知道，美满的爱情和婚姻，都是需要用心经营的。

微疗愈

哪里有注定一生一世的爱呢?

制造浪漫，才能点燃怦然心动的激情；及时沟通，才能调整渐行渐远的步调；嘘寒问暖，才能保持同床共枕的依赖……

白头到老的背后，都是步步为营的小心机。

爱情也好，婚姻也好，就像一朵花，美丽和香气都是具有时效性的，如同你的喜欢。倘若不懂得用心浇灌，不懂得尽力保鲜，那么，再美的花也逃不脱凋谢的命运。

第二十七章

吴越王妃：陌上花开，可缓缓归矣

——最高明的爱，是相互尊重

不是给她最好的，而是给她想要的

临安的春天又来了。

乡间小路上开满一簇又一簇的花，桃李灼灼，紫藤鲜艳，棣棠幽香……放眼望去，正是姹紫嫣红，春光明媚。更明媚的却是那个赏花人，她穿着锦衣罗裙，雍容高贵，缓缓地行走于阡陌间，低头浅笑时，人比花娇。

她就是吴越王钱镠的嫡妻，一个显赫的贵夫人，一个幸福的女子。

钱镠是谁？五代十国里，乱世真英雄。他出身乡野，早年以贩卖私盐为生，因为平叛有功，才进入军界。此后数十年间，他逐步占据两浙十三州，创建吴越国，修筑钱塘江石塘，有“海龙王”的美誉。

吴氏是谁？她是钱镠的发妻，备受宠爱，封号一变再变，从燕国夫人，到晋国夫人，再到吴越国正德夫人。

史书没有记住她的名字，只称呼她为吴氏，这并不是因为她的存在无关痛痒，相反，她在钱镠的生命里留下了浓墨重彩的一笔。

吴氏出生于临安，父亲时任浙西观察判官，她柔婉贤淑，美名在外，恰如江南的烟雨动人，是许多官宦子弟竞相追逐的对象。那时候，钱镠还是一个放荡不羁的乡下小子，家中以田渔过活，他听闻了吴氏的名声，主动上门求娶。

吴家起初并不同意，钱镠没有产业，性情放荡，怎么看都不是一个良配。好在吴氏的大伯父眼光独到，他非常欣赏钱镠的豁达大度，认为钱镠将来必成大器，坚持要将侄女嫁过去。

大概很多人都不看好吧，但事实证明，这真的是一桩好姻缘，好到挨过了漫漫岁月，依然有后人遥遥相望。

据说，吴氏在出嫁之后，每年三四月间，都会回临安老家探亲。有一次，她停留的时间稍稍久了些，钱镠的家书便火急火燎地送来了：“陌上花开，可缓缓归矣。”

短短九字，纸短情长。

我知道乡间春色正好，我知道你留恋故土，所以，你可以慢慢归家，虽然我迫不及待地思念着你。

多朴实的字眼，多美的情。尽管后世有人嘲鄙这封书信太俚俗，难登大雅之堂，但吴越的百姓可不这么想，他们自发地把书信编成歌曲，口口相传，情意悱恻。传到宋朝，连苏轼听到了，也不由得被触动衷肠，以此为题材，写了三首《陌上花》。

原来，一个男人的挂念是如此笨拙而可爱。他身为一方霸主，明明可以强制妻子归家，或者禁止她出远门，但他没有这样做，而是顺从妻子的心意，让她尽情尽兴，尽管他不愿她离开。

这相思动人，这尊重更动人。他是地道的铮铮铁骨，却有如水的绕指柔肠，难怪会惹得年轻的姑娘们心向神往：如果我也能遇到一个这样的男人，该有多好。

这世上总有形形色色的爱恨，总有一些让人羡慕的感情，譬如千金买笑的心意，譬如弄玉吹箫的追随，譬如钱镠和吴氏，两心知，生死同，天寒问加衣，围炉话桑麻，最要紧的是彼此懂得。

人人都称赞他们夫妻情深，其实那不是什么佳偶天成，而是爱得很有分寸。

以世俗的眼光来看，钱镠就是一个小有潜力的凤凰男，吴氏则是一个条件优渥的白富美，如果不是他们相互尊重，齐头并进，这桩婚姻很可能止步于悲剧。

吴氏知书识礼，蕙质兰心，而钱镠大字不识几个；吴氏是娇娇小姐，爱慕者众多，而钱镠相貌丑陋，刚出生时，还遭到父亲的嫌弃，险些被溺杀在水井里；吴氏性情温和，贤淑守礼，而钱镠脾气急躁，年轻时更是热血冲动……

这门亲事怎么看都不匹配，但谁说理想的婚姻就是“求同”呢？差异是可以存在的，南辕北辙也未尝不可，不必强求对方接受，更不必希望对方改变，尊重就足够了。

吴氏从来没有借助娘家的势力来接济钱镠，她知道这是成功的捷径，但她知道这不是钱镠想要的。

钱镠想凭借自己出人头地，所以，他不惜铤而走险贩卖私盐，她没有抱怨，默默地担惊受怕，又默默地操持家务；他投身军伍，抛头颅，洒热血，四处征战，她也没有反对，跟着他辗转流离。

她吃过的苦，钱镠记得比谁都清楚。他后来建功立业，也纳过小妾，但始终最钟爱吴氏，生前，他们不离不弃，共育有十三个儿女；

死后，他们同穴而眠，他留下遗言与她合葬。

他们如此不同，相处得又如此融洽。

钱镠总是性急，成为吴越王之后，脾气依然不好，常常和朝臣们吵起来。但他却能一次次容忍吴氏的劝解，每次都耐着性子，听她温声细语地分析。

钱镠喜好张扬，他一统两浙后，特意衣锦还乡，宴请全村的乡亲父老，甚至用锦缎覆盖山林，以显示自己的权势，还将小时候经常玩耍的大树封为“衣锦将军”。但他却能理解吴氏的低调和收敛，顺从她的心意。

有一次，吴氏要去奉国寺烧香，钱镠立刻让人准备了上百匹绢帛，方便她打赏下人或者捐香油钱。他本意是想让她出尽风头，一个出手阔绰的王妃，自然能招来美名。但吴氏不愿意这样显摆，她拒绝了钱镠的好意：“以前贫苦的时候，我自己也织过布，知道其中艰辛。现在拿这些绢布当赏赐，并不是什么体恤人的做法。”

钱镠听了她的话，很快打消了自己念头，任由她出行从简。

这才是一个男人成熟的爱，这才是一段稳定的婚姻关系。在保存对彼此的欣赏和爱慕之余，不是求同，而是存异。

爱是相互的，尊重也是

很多人在恋爱失败后会感到困惑：我已经对她（他）够好了，为什么她（他）还是选择离开?

那么，所谓的“好”，标准又是什么呢?

或许你捧出了一颗炽热的心，而对方想要说走就走的自由；或许你打造了一座舒适的金屋，而对方想要有人问候粥可温的关怀。

即使贵为帝王，能给出天下最好的，权势、钱财、美食……但这些不一定是对方想要的。她渴求的或许只是三餐四季、两人一屋，出乎你的意料，也出乎你的喜好，但你要选择尊重，而不是嗤之以鼻，更不是不由分说地把天下塞给她。

夫妻之间何尝没有供需关系呢？如果你给的，她并不想要；如果她想要的，你并不理解，这段感情终究会失衡。

当然，爱和尊重都是相互的，单方面的努力永远不够。

有一次，钱镠卧室里的蚊帐破损了，吴氏根据他的喜好，精心挑选了一顶青练帐，打算替换那顶旧的。钱镠得知以后，竟然不同意，反过来劝她：“用青练帐太奢侈了，虽然一顶蚊帐事小，但怕带来不好的风气。”

原来，在吴氏的影响下，钱镠已经收敛了奢华的习惯，渐渐变得勤俭。这次，换吴氏尊重他的选择，两人商量后，决定把这顶青练帐留着，赏给有功之臣。

还有一次，钱镠计划与田頵结盟，对方要求他留下一个儿子做人质。钱镠左右为难时，第二个儿子主动站了出来，虽然这个儿子不是吴氏亲生的，吴氏依然心疼，哭着质问钱镠：“你怎么能把孩子送去呢？这是羊入虎口啊。”钱镠的做法虽然冷酷，却有自己的道理：“国难当头，哪里还能顾及小我呢？”

吴氏悲痛得大哭，却没有再强求他改变主意。

他们相伴十四年多，始终恩爱有加，这不是某一方迁就能做到的，爱是相互的，尊重也是。

年轻的恋人们刚在一起，自然是处处都好，你爱她温柔可人，她欣赏你潇洒大度。时间久了，住在一个屋檐下，你开始抱怨，为什么地板要拖了又拖？有几个脚印不是很正常吗？为什么出门参加聚会，要时时刻刻汇报行踪？为什么她没有之前的浪漫了，收到一束玫瑰还觉得浪费？而她也同样无法理解，为什么她辛苦做家务的时候，你懒洋洋地瘫在沙发上？为什么她想和你好好吃顿晚餐，而你一次次加班到深夜？

这时候，你不禁怀疑：是不是我们性格不合适？可是爱情本来就没有什么绝对的适合，连自己的牙齿也会偶尔上下打架，你怎么能奢求有一个人百分百地与你恰到好处？

感情走到尽头的时候，我们只好这样抱怨：她不知道我付出了多少努力？他为什么不能试着改变一下呢？他根本就不懂！

是的，我们相互爱着，但我们不曾相互尊重。

为什么要把自己的理想预设，往另一半身上套？你喜欢坚强，所以她不能掉眼泪？你渴望安稳，所以她不能有欲望和企图心？你想要结婚，所以她必须马上点头答应？

不，爱情不是这样的。爱情不是让两个人走同一条路，而是各走各的路，只是多了陪伴和扶持。

“陌上花开，可缓缓归矣。”谁说古人不懂爱呢？谁说古人不浪漫呢？比起缠绵悱恻的情话，比起山盟海誓的诺言，它更稳妥，也更像一则爱情宣言：我爱你，我思念你，但我并不剥夺你选择的权利。

知乎上曾经有个热门提问：最好的爱情是什么样子？有人说，是结婚多年，他依然会在情人节准备礼物；有人说，是睡到迷迷糊糊时，她小心地给他掖被角；有人说，是突然想念对方，连夜买了飞机票，只为匆匆一见。

某个网友的答案朴实而动人：他或许不赞同我，但他会尊重我。

她和老公是相亲认识的，当时她刚刚从体制内离职，打算自己创业。他明显有些诧异，老老实实地说："我觉得女人不用把自己逼得这么狠，太辛苦了。不过，人最重要的还是自己开心，试一试也挺好的。"她笑了笑，暗暗在心里评价：这个男人可以嫁。

婚后没多久，她生了宝宝，婆婆要来伺候月子。她既怕累着老人，又怕引发婆媳矛盾，和老公商量："我想请个月嫂，又专业又省事，我和宝宝都轻松。"他虽然不明白她为什么选择外人，但还是尊重她的意愿，劝住了准备从老家过来的母亲。

这段婚姻已经是第十个年头，她觉得自己选对了人。

最好的爱情大概就是这样的。

微疗愈

最甜蜜的爱是娇宠和放纵，最长久的爱是陪伴和扶持，最高明的爱却是尊重和理解。

可以提出不同看法，可以给出建议，但不能强行干涉，也不能帮着做决定。

相爱，是在两个身体里，放着同一个灵魂，但双方都有支配的权限。

相互尊重，是唯一能融合双方的办法，也是成年人相处时最该拥有的能力。

第二十八章

郭女王：蝉鬓蛾眉皆国色，阴谋终让女中王

——没有随便开挂的人生，只有永不放弃的努力

不放弃自己的人，幸福才会靠近

如果没有听过郭女王的名字，那不算真正读过三国。

她才是三国最厉害的女人，没有家世背景，没有子嗣，名气不如貂蝉，美貌不如二乔，但她打败了甄宓，征服了曹丕，当上了皇后。

她的成功，恰恰验证了一个道理：没有天生的废人，只有不努力的王者。

相传，郭女王出生时天有异相，大家都感到惊奇，认为她贵不可言。她的父亲当时是南郡太守，格外疼爱这个女儿，称赞她“这是我家的女中君王”，于是以“女王”作为她的字。

这当然是后人的牵强附会。事实上，郭女王早年非常落魄，既不显贵，也非女王，因为她的父母早早过世了，长兄也死在兵荒马乱中，她小小年纪，就在战祸中流离漂泊。

在那个“世胄蹑高位，英俊沉下僚”的年代，要活得体面，并没有那么容易。郭女王身为一介女流，又没有亲眷依附，想出人头地，那更是难上加难。

但她没有放弃。她从小就明智过人，落难后，并没有像其他娇弱的闺秀那样哭哭啼啼，而是迅速为自己找了一条出路：求亲告友是无用的，旁人的怜悯和同情有限，她只能依附自己而活。

郭女王把目光投向了曹操，当时他已经获封魏公，两个儿子正在为世子之位争得你死我活。她以宫人的身份进了东宫，其实，她并不算特别美貌，在魏国，谁能美得过甄宓呢？而且她年纪也不小了，足足比曹丕大了三岁，是实打实的老姑娘，并不适合走宫女上位的路线。不过，她本来就没有这么想过，她最引以为傲的是头脑，曹丕的女人再多，她凭借谋士之才，肯定也可以博得一席之位。

缘分就是这么妙不可言，曹丕真的喜欢上了出身低微的郭女王。喜欢到什么地步呢？这个薄情而多疑的男人，大概把仅剩的几分真心都给了她。

曹丕娶了郭女王之后，让她居住在永始台，时刻相伴于身边，恩爱异常，如同民间夫妻一般。永始台原本是曹丕修习文武的地方，具有特别的意义，因为他的少年和青年时光，都是在这里度过的。

郭女王起初很开心，时间一久，就开始变得忧愁。曹丕追问她原因，她说：“我出身不好，自己也知道配不上你。现在这样的日子虽然快活，我却担心不能长久。”曹丕听闻以后，立刻指天立誓：“吾爱卿出自诚心，今生生死与共，永远如初，此台以为证。”

很难想象，这样真挚的情话，竟然出自曹丕之口。

没有人会怀疑曹丕对郭女王的爱，当他称帝之后，竟然空着皇后的宝座，宁可舍弃结发的甄宓，也要为郭女王争一争。明知道门第等级森严，郭女王出身卑微，又没有生下一儿半女，他还是想让她当皇后，哪怕面对大臣们的抗议，他也不肯退让，创设了“贵嫔”的封号，仅次于皇后。

什么“上下失序”，什么“纲纪废坠”，我爱你，就要给予你最大的荣宠和任性。

郭女王的弟弟曾经因为侵吞官布被抓，按照律法要被砍头。曹丕那时还是太子，主动找到了负责案子的鲍勋，希望他放过郭女王的弟弟，把这件事压下去。鲍勋为人正直公正，还是坚持处死了郭女王的弟弟，曹丕为此非常生气，原本很欣赏鲍勋的为人，因为这件事，竟然改变了态度。

他明明不是昏君，但爱情总是让人变得盲目。

郭女王亲眷凋零，只有少数堂亲活下来了，曹丕怜惜她，在册封曹氏宗亲九族的时候，将她的家人都归在曹氏宗亲里，大行赏赐。不仅如此，他还提拔她的外甥为散骑侍郎，通常散骑侍郎只有学识渊博的儒士才能担任，选拔严格，郭氏的外甥是唯一一个被破格提拔的人。

黄初三年，也就是在赐死甄宓的次年，曹丕终于力排众议，不顾所有人的反对，立郭女王为皇后。

所谓人生开挂，只不过是厚积薄发

郭女王毫无悬念地打败了甄宓。

她拿走了皇后之位，抢走了曹丕的心，甚至还夺走了太子曹叡。她一生没有子嗣，曹丕担心她以后无人奉养，竟然将甄宓的儿子过继给她。有什么比这更伤甄宓的？哪怕自己的儿子后来继位为皇帝，却要称呼情敌为母亲。

那么，郭女王是凭什么打败甄宓的呢？

她当然有自己的魅力，比起甄宓，她最大的优势就是坚韧和独立。

曹丕出身豪门，见多了弱不禁风的淑女和闺秀，像郭女王这样富有活力的女子反而稀少。乱世当道，哪个姑娘不是娇滴滴地养着？偏偏郭女王颠沛流离，更懂得人间疾苦，遇事不躲，遇险能避，独立而能干。曹丕本来就不是养在锦绣堆里的公子哥，他是上过战场、杀过人的，对于郭女王这样的姑娘，就算没有纳为妃嫔，也是相当欣赏的，这一点是甄宓不能比的，他初见甄宓，她正是因为恐惧，扑在婆婆怀里哭得梨花带雨。

此外，郭女王真的才智过人，胸有丘壑。

她的聪明和甄宓不同，不仅仅浮于纸上文章，她还有谋略。在曹丕与曹植争嫡之时，她常常献计献策，曹丕能够被顺利立为世子，少不了她的帮助。连《三国志》上也明确地称赞她："后（郭女王）有智数，时时有所献纳。文帝定为嗣，后有谋焉。"

比起后宫妃嫔那些善事翁姑、和睦姬妾的小聪明，她这份家国天下的大智慧，更有价值，也更有用武之地。曹丕作为一个有抱负的君王，怎么会不喜欢如此志同道合的女人？

郭女王的贤淑也丝毫不逊于甄宓，知进退，识大体，懂取舍。

成为皇后之后，郭女王并未恃宠而骄，她对婆婆卞太后百般承顺，孝名远扬，甚至有超越甄宓之势。对待妃嫔，她同样宽容周到，后宫偶尔有嫔妃疏忽犯错，郭女王便为她们掩盖。曹丕有时为此大发脾气，她甚至为了诸妃嫔，向曹丕跪拜，请求免罪，因此六宫非常和谐。

不仅如此，郭女王严格约束外戚，虽然她备受宠爱，却从来没有干政的行径。

她常常告诫亲戚们：“嫁娶之事，应该安守本分，只要门户相当的乡里好人家就可以，不能趋炎附势，与高官贵族攀龙附凤。”

曾经，她的外甥孟武想要娶小妾，她立刻下令阻止，说：“当今由于战乱，妇女不多，应尽可能地将她们配给前方将士为妻。有权势的人家不能聘娶为妾。各位亲戚在这件事上都应谨慎，不要自取其咎，遭受刑罚。”

哪怕是婚姻嫁娶这样的私事，她也处处以国为先，以身作则。如此良苦用心，睿智如曹丕，自然看在眼里。其实曹丕身边蜂围蝶绕，从不缺乏女性的柔情蜜意和讨好卖乖，连甄宓也写过缠绵悱恻的《塘上行》示爱，他之所以独独看中郭女王，很大程度上是因为她想他之所想、急他之所急。

有一次，曹丕督师东征，郭女王一路随行，中途留在曹丕的故乡谯县行宫。当时，郭表负责行宫的警卫，他想要堵水捉鱼。这看起来似乎是桩小事，郭女王却制止了他，说：“这河水通着运送军粮的河道，你筑坝截水需要木材，自己的奴仆又不在跟前，难道要挪用公家的竹木筑水坝吗？如今俸车督尉缺少的东西，难道是鱼吗？”

还有一次，曹丕率兵东征，郭女王留在许昌。不巧，大雨连下百余天，很多城楼都倒塌损坏了。官员们担心永始台也出现状况，连忙奏请郭女王移居新的宫殿，她一口拒绝了，说：“昔年楚昭王出游，王后贞姜留在渐台。洪水汹涌而来的时候，使者来接王后转移，但忘了带上楚王的信符，贞姜坚持不肯走，在洪水中丧生也在所不惜。如今皇上御驾亲征，我在后台也没有遇到贞姜那样的危险，又何必要转移呢？”

他要做明君，她就绝对不拖后腿。往往处在巅峰的人，容易得意忘形，郭女王难道没有自己的欲望和私心吗？但她跟在他身边，却始终能保持冷静和警醒，实属难得，他的青睐也在情理之中。

试问，这样一个高颜值、高智商、高情商的“三高”女子，怎能不让曹丕心动呢？

纵观郭女王的一生，是励志的一生，也是成功的一生。哪怕有人质疑她以谗言谋害了甄宓，但不可否认的是，她在史书上风评极好，声望极高，成就极大，在太后的位置上舒舒服服地安老，最后与曹丕合葬。

很多小说和影视剧，往往喜欢把郭女王塑造成反面角色，阴狠毒辣，满腹诡计，总之，是一个不讨喜的形象。相反，大家更喜欢甄宓，她美貌而高贵，优雅而迷人，不沾染尘世烟火，最适合当白月光。

是啊，谁不喜欢娇花呢？谁又是天生阴狠呢？然而，不是每个姑娘都有好运气，生来如甄宓，当命运只留给你一副烂牌的时候，你必须加倍努力，才能赢得漂亮。

微疗愈

如果没有太好的运气，就只能奋不顾身地努力。哪怕被命运打趴下了，也要爬起来，笑着说：再来一局。

赢了，赢得理所当然；输了，也输得问心无愧。

每个微笑的背后，都是竭尽全力地拼搏和强求。你以为自己输在起跑线？不，你可能输在不作为。

第二十九章

阴丽华：萧王何事为天子，本爱金吾与丽华

——过度退让是懦弱，适时忍让是聪明

每一次退让，都是一种求全

历史上，名叫“丽华”的美人有很多。

最红颜祸水的是张丽华。她出身贫困，入宫为婢女，被陈后主一眼看中，备受宠爱，堪称后宫第一人。据说，她的头发长达七尺，浓黑如墨，特别富有神采。陈后主特意为她建造奢华的结绮阁，连上朝时也要带着她，放任她坐在自己的膝上，一同参与朝政。

最悲情的是杨丽华。她本是国公之女，在锦绣丛中长大，后来又嫁给北周太子，一路从太子妃做到皇后，看似风光显赫，却得不到丈夫的怜爱。因为父亲杨坚称帝，她又从皇后变成公主，守着尴尬的身份和幼女，终身孤寡。

最幸福的是阴丽华。她家世好，自小锦衣玉食；她姻缘好，嫁得良人，白首同心；她运气好，登上皇后之位，享尽荣华富贵。

为什么同名不同命？为什么阴丽华能成为人生赢家呢？

阴丽华出生于一个显赫的家族，新野阴氏，那是名相管仲的后裔，那也是当时的豪门大户。阴家光是院子就占地七百余顷，车马和奴仆成群，可以和诸侯王相媲美，富甲一方。

阴丽华自幼容貌出众，在小小年纪，就已经是当地有名的美人。不仅如此，她还因为孝顺被交口称赞，父亲去世时，她只有七岁，却表露出极度的悲痛，守着父亲的遗物，好几天都不吃不喝，整个人形销骨立，让父老乡亲震动不已。很快，整个新野都开始称颂这个少女，说："阴丽华是我见过的最孝顺的女儿。"

有财富、有美貌、有名声，不管怎么看，阴丽华都应该不愁嫁。但随着她渐渐长大，出落得越来越美，却始终没有许配人家。

她嫁给谁呢？阴家虽然富足，但已经数百年没有出过高官显宦了，几乎没有任何政治势力，说白了就是个有钱的大地主。新野也并不是什么大都邑，可供选择的余地有限，嫁给破落的贵族太委屈，嫁给富裕的商户更不行。眼看着天下大乱，兵戈时期，不仅是阴丽华，整个阴家都需要找到出一方庇护。

忍一忍吧，眼前的境遇总会挨过去的。

就是在这个时候，刘秀出现了。

刘秀是汉高祖刘邦的九世孙，父亲早逝，由叔父养育成人，生得高大魁梧。然而，王莽已经篡位称帝，即使刘秀身上流着西汉的宗室之血，也没有给他任何权势，反而成了阻碍。

他满腔热血地前往长安，很快又失望而返，只得了一句"皇帝觉得你有宗室血统，不适合做官，你走吧"。

失意的刘秀，在一气之下投奔了姐夫邓晨。邓晨住在新野，刚好与阴家是亲属，在这番机缘巧合之下，刘秀认识了阴家大小姐阴丽华。

在青葱少年郎的眼里，她美得如同天仙，尽管她还只有十岁。

曾经，他在长安求学时，看到了执金吾率军出行，场面热闹而风光，深深地震撼了他。虽然执金吾并不是什么大官，放在今天，也就类似于京城巡逻大队的对仗，但那已经是刘秀所能想到的最显赫的身份。

他当即发誓："仕宦当作执金吾,娶妻当得阴丽华。"

由此可见，阴丽华是他所能接触到的最美貌的姑娘。不过，是少见多怪也好，是雏鸟情结也好，这个姑娘就像一粒种子，代表着他蓬勃的野心和欲望，悄悄埋在了心里。

阴家没有人把这句话当真，他们再怎么无权无势，也不会把出色的女儿嫁给一个什么都没有的刘秀。阴丽华大概也没有当真，求娶她的人那么多，加上一个刘秀似乎也无关痛痒。

在没有人看好的情况下，刘秀却渐渐开始崭露头角。

有一次，他被姐夫邓晨带着去拜访蔡少公，这个人精通占卜图谶，预言道："刘秀将来会做皇帝。"当朝的国师也叫刘秀，大伙都认为预言会在国师身上实现，刘秀开玩笑地说："你们怎么知道不是我呢？"

在座的人都哄堂大笑，但刘秀却第一次开始直面自己的野心：为什么不能是我呢？我可以试一试，说不定将来就能当上皇帝。

他很快跟随哥哥揭竿起义，联合刘氏宗室和郡县豪杰，一路征战，大破莽军。宗室们趁势建立了"更始"政权，刘玄称帝，而刘秀则获封太常偏将军。此后，他越战越勇，带领起义军，覆灭了王莽军前来围剿的百万大师。

随着王莽政权的渐渐瓦解，刘秀的名声也传遍了天下，人人都开始关注这个青年英雄，阴丽华自然也不例外。

她仍然没有出嫁，但她并不着急，因为她在等刘秀回来迎娶她。比起那些乡绅或不成气候的贵族子弟，刘秀无疑出色太多，顶着作乱的名头又如何？他在目标清晰地靠近那个预言。

其实，他只是随口说了那句话，谁能确保他一定会兑现？而她的年岁越来越大，已经是个老姑娘，不知道有多少人在背后嘲笑她。

忍一忍吧，风险往往也意味着机遇。

在阴丽华十九岁的时候，刘秀终于来了，带着满身伤痛和沮丧。

新帝刘玄猜忌刘秀兄弟俩，竟然斩杀了刘秀的哥哥，还解除了刘秀的一切兵权，只封了他一个武信侯的空头衔。刘秀愤怒不已，却又无能为力，连给哥哥服丧都不敢，为了麻痹新帝，刘秀迅速迎娶了阴丽华。

刘秀的处境并不好，他们的婚事也被作为政治工具，但阴丽华还是义无反顾地嫁了。

短短三个月以后，刘秀就接到新帝的差遣，他要北渡黄河，只身前往河北。这显然是一趟龙潭虎穴之行，离开前，他把阴丽华送回了娘家。

阴丽华的心情可想而知，她等了多少年，好不容易嫁了出人头地的英雄，如今刚刚新婚，竟然又要遭遇离别。更何况他前途未卜、生死不明，难道她要从老姑娘变成寡妇？

忍一忍吧，这世上没有十全十美的事，有舍总会有得。

忍一时风平浪静，退一步海阔天空

阴丽华再一次见到刘秀，是在分别两年以后。

那一年，刘秀终于称帝，入住洛阳后，立刻派人带着三百士兵接回了阴丽华。他当然是好意，夫妻分别那么久，也该团聚了，但阴丽华的心情比他复杂多了，因为皇城里多了另一位女人，对方还身怀有孕。

那个女人就是唯一的贵人郭圣通，那个孩子就是刘秀的长子刘疆。

阴丽华并不愚笨，相反，她非常聪明，只言片语中，很快就摸清了郭圣通的来历。原来，郭圣通的舅舅是河北真定王，拥有十万余军队，在刘秀只身前往河北涉险时，双方结盟合作，而这桩政治联姻就是最好的契约。

理解是一回事，但接受又是另一回事，谁能眼睁睁的把丈夫拱手让人？不仅是丈夫，还有正室所代表的地位、权势和尊重。

果然，随着阴丽华的到来，皇后之位的人选也被提上了日程。按理来说，阴丽华就是刘秀的正室夫人，既然他当了皇帝，那她就是皇后，哪有从正室转为小妾的？可是刘秀确实为难，尽管他第一时间就册封阴丽华的兄长为阴乡侯，让阴家的爵位高于郭圣通的娘家，但事实上，郭圣通背后站着庞大的真定王势力，轻易得罪不了。

阴丽华除了原配名分，无论从出生、资历、子嗣，还是对刘秀的帮助，都比不上郭圣通。立阴丽华为皇后，没有人会服气，她自己也无比清楚，所以，当刘秀提出要册封她为皇后的时候，她坚决辞让，始终不肯接受。

他或许是试探，或许是顾念旧情，但她知道，自己没有借坡下驴的资格。

让一让吧，有时候退一步海阔天空。

就这样，郭圣通被册封为皇后，她的儿子刘疆被立为太子，而阴丽华这位原配夫人只得到了贵人的名分。不过没关系，在接下来的十六年里，刘秀的愧疚越来越深，阴丽华得到的宠爱越来越多。

明明是先认识她的，现在却委屈她低人一等；明明是先喜欢她的，现在却不能和她比翼双飞。只要郭圣通出现，阴丽华就被衬托得楚楚可怜，她空等了这么多年，如今什么都没有。

她没有子嗣，刘秀就加倍地宠爱她，两人一连生了五个儿子；她没有丈夫的陪伴，刘秀就蓄意弥补，就连行军打战，都将她带在身边。他们的长子刘阳出生前后，他正行军在外，坚持带着怀孕的阴丽华，整个队伍的速度被压到最低，只有正常行军速度的一半，就为了照顾孕妇。要知道，东汉初期，朝廷的财力相当窘困，大军每日的花费不低，刘秀并不是昏聩之人，却不惜为了阴丽华破例。

她没有娘家势力，刘秀就格外看顾阴家，给阴家兄弟都封爵，这是只有皇后外家才能享有的殊荣。有一年，颍川和河东两郡发生动乱，叛军和盗贼四起，阴家因为富贵显赫，成为盗贼的目标。阴丽华的弟弟被贼人劫持，官府解救不力，竟然当场丧命，这让刘秀十分悲痛，他为了安慰阴丽华，特意下诏书安抚，不仅加封阴丽华的弟弟，还再次提到阴丽华辞让皇后之位的美德，公然表白自己不会忘记与原配的患难之情。

毫不夸张地说，阴丽华除了没有名分，什么都有了，假如当初她顺理成章地成为皇后，过得未必有现在称心如意。

看看郭圣通，她也有好几个儿子，有一个还是太子，但那又怎么样呢？刘秀不肯让太子刘疆住进东宫，却喜欢阴丽华所生的刘阳，抱着他放在膝盖上，叫他“吴季子”。历史上，这吴季子是吴王的第四个儿子，没有资格继承皇位，但吴王偏偏希望他继位，刘秀为儿子取这个昵称，用意不言而喻。

终于，刘秀在经过数年的“退功臣、进文吏”之后，将朝纲牢牢地握在自己手上。他做的第一件事，就是废除皇后郭圣通，改立阴丽华。在诏书里，他毫不避讳地说：“阴丽华是原配，与我情深义重，应该侍奉宗庙，居国母之位。”

与此同时，刘疆眼看母亲失势，主动让出了太子之位，刘秀便改立阴丽华的儿子刘阳为太子。

谁能想到呢？阴丽华竟然能够把当初让出的一切，又一一拿回来了，而且得到的更多、更好。要说她不得意，那是不可能的，她要是真的不争不抢，怎么不再次推让皇后之位？她只是太能忍让，也太善于忍让，以退为进，是她走得最好的一步棋。

换作其他女人，这时候早就仰天长笑，恨不得对郭圣通再踩上几脚。她心里该有多怨啊，赢了又如何？郭圣通逼得她从正室变成小妾是事实，郭圣通与刘秀在她眼皮子底下生儿育女是事实，郭圣通风光嚣张了十六年是事实，这一笔笔糊涂账，都是一道道伤疤。

让一让吧，这世上没有完人，得饶人处且饶人。

阴丽华没有报复郭圣通。那个“性情像鹰鹯”的女人，余生过得很好，她被封为中山王太后，娘家得到大笔金钱，儿子们也一一获封。

后世给阴丽华的评价，没有一句恶意：“后在位恭俭，少嗜玩，不喜笑谑”“性仁孝，多矜慈”。

慈善之人都像她这样吗？不是的。

她的慈悲里全是隐忍，步步为营；她的善良里透着聪明，掌控全局。

她每一次退让，都是一种求全，所以，她最后成了真正的赢家。

微疗愈

忍一时风平浪静，退一步海阔天空，这不是懦弱，也不是认输，而是一种宽容的智慧。

忍，不要毫无原则地忍，要方便他人，也善待自己；让，不要毫无底线地让，要放得下爱与恨，也分得清利与弊。

图书在版编目（CIP）数据

我有所念人，隔在远远乡 / 张其姝著. — 北京：
中国友谊出版公司，2019.7
ISBN 978-7-5057-4776-0

Ⅰ. ①我… Ⅱ. ①张… Ⅲ. ①女性－历史人物－生平
事迹－中国－古代 Ⅳ. ①K828.5

中国版本图书馆CIP数据核字（2019）第118224号

书名　我有所念人，隔在远远乡
作者　张其姝
出版　中国友谊出版公司
发行　中国友谊出版公司
经销　新华书店
印刷　嘉业印刷（天津）有限公司
规格　880 × 1230毫米　32开
　　　8.5印张　188千字
版次　2019年7月第1版
印次　2019年7月第1次印刷
书号　ISBN 978-7-5057-4776-0
定价　42.00元
地址　北京市朝阳区西坝河南里17号楼
邮编　100028
电话　（010）64678009